カチガヨ！
韓国語

文嬉眞
金美淑

朝日出版社

はじめに

　この『カチガヨ！（一緒に行こう！）韓国語』は、大学などで韓国語を初めて学ぶ人を対象にしています。そのため、入門および初級レベルの内容で構成され、日常会話の習得を目指す学生にとって分かりやすい説明と学習しやすい分量の「文字と発音」と「文法と会話」で構成されています。そして、本テキストの学習後にタイトルの意味のように韓国への旅行ができることを目標にしています。

　本テキストの特徴は以下のとおりです。

1. 大学における外国語としての韓国語の教室用教材として作成しています。

2. 「文字と発音」では、文字と発音を確実に習得できる練習問題（書く、聞く、読む）を設けています。

3. 「文法と会話」では、各課に基本的な文法説明を3種類に収め、基礎的な「練習問題」と応用的な「まとめ練習問題」に分類しました。

4. 本テキストはハングル能力検定5級の語彙を採用しています。

5. 韓国文化や最新情報に触れる機会をコラムで紹介しました。

6. 最後の付録には、助詞のまとめ、挨拶表現、日本語ハングル表記法、反切表を補足しました。

　このテキストを通じて韓国語学習の楽しさと韓国旅行への期待感、さらに外国語学習に対する苦手意識が自信感に変わることを願います。

　　　　　　　　　　　　　　　　　　　　　　　　　　　　　　　　筆者一同

目 次

第3部　付　録

装丁：メディアアート
※画像素材提供：Shutterstock.com
イラスト：メディアアート、剛一、千葉奈津子

第1部　文字と発音

第1課 韓国語について

1 韓国語とは

韓国語は、朝鮮半島（韓半島）全域で使われている言語です。朝鮮半島の分断による歴史的・政治的な背景などから、日本では「韓国語」、「朝鮮語」、「韓国・朝鮮語」、「ハングル語」、「コリア語」などの様々な名称で呼ばれていますが、それぞれが別の言語を意味しているわけではありません。
韓国語の文字は「한글（ハングル）」と呼ばれ、朝鮮王朝の第4代目王「世宗大王（セジョンデワン）」の指示によって創られ、1446年10月9日に正式に公布されました。

2 한글（ハングル）

(1) 한글（ハングル）

ハングルは、韓国語の音を表すために作られた表音文字です。10個の基本母音字、11個の合成母音字、14個の基本子音字、5個の合成子音字（濃音）の計40文字の組み合わせで成り立っています。

(2) 文字の組み合わせのタイプ

① 子音＋母音

たとえば、「カ」という音の場合、ローマ字表記をすると、子音［k］と母音［a］を並べることになります。ハングルもこれと同じように、子音字「ㄱ（kの音）」と母音字「ㅏ（aの音）」を組み合わせて「가」と表記します。

(a) ㄱ [k] ＋ ㅏ [a] ＝ 가 [ka]

(b) ㅁ [m] ＋ ㅗ [o] ＝ 모 [mo]

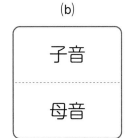

(a) | 子音 | 母音

(b)
子音
母音

② 子音＋母音＋子音（パッチム）

上記の「子音＋母音」のタイプにもう一つの子音を加えたタイプです。発音の順序にしたがって、最初の子音を**初声**、2番目の母音を**中声**、そして最後にくる子音を**終声（パッチム）**といいます。パッチムとは「支えるもの」という意味で、「子音＋母音」タイプの文字の下について、支える形になるわけです。

(c) ㅁ [m] + ㅏ [a] + ㄹ [l] = 말 [mal]

(d) ㄱ [k] + ㅗ [o] + ㅁ [m] = 곰 [kom]

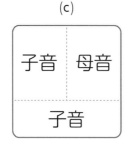

3 韓国語の一般的な特徴

(1) 語順

語順は日本語とほぼ同じで、「私」にあたる単語の後ろに「は」にあたる助詞を用い、「です」にあたる述語が使われます。

日本語	私	は	学生	です。
	↓	↓	↓	↓
韓国語	저	는	학생	입니다.

(2) 語彙

韓国語の語彙は、**固有語・漢字語・外来語**で構成されています。ただし韓国では現在、漢字語もハングルで表記するのが一般的になっています。

① **固有語**：우리 我々、고기 肉、언니 姉

② **漢字語**：도로 道路、가구 家具、신문 新聞

③ **外来語**：드라마 ドラマ、아이스크림 アイスクリーム

(3) 分かち書き

日本語と異なり、次のように単語ごとに分かち書きをします。

日本語	韓国の首都はソウルです。

韓国語	한국의■수도는■서울입니다.
	韓国の　　首都は　　ソウルです。

第2課 基本母音字

1 基本母音字10個

ㅏ	ㅑ	ㅓ	ㅕ	ㅗ	ㅛ	ㅜ	ㅠ	ㅡ	ㅣ
[a]	[ja]	[ɔ]	[jɔ]	[o]	[jo]	[u]	[ju]	[ɯ]	[i]

2 発音とポイント

	母音字	発 音		発音のポイント
①	ㅏ	[a]	아〔ア〕	「ア」より口を人さく開けて発音。
②	ㅑ	[ja]	야〔ヤ〕	「ヤ」とほぼ同じ。
③	ㅓ	[ɔ]	어〔オ〕	「ア」の口の形をして「オ」。
④	ㅕ	[jɔ]	여〔ヨ〕	「ヤ」の口の形をして「ヨ」。
⑤	ㅗ	[o]	오〔オ〕	唇を丸めて前に突き出しながら「オ」。
⑥	ㅛ	[jo]	요〔ヨ〕	唇を丸めて前に突き出しながら「ヨ」。
⑦	ㅜ	[u]	우〔ウ〕	唇を丸めて前に突き出しながら「ウ」。
⑧	ㅠ	[ju]	유〔ユ〕	「ユ」とほぼ同じ。
⑨	ㅡ	[ɯ]	으〔ウ〕	唇を横に引っ張って「ウ」。
⑩	ㅣ	[i]	이〔イ〕	「イ」とほぼ同じ。

第1部

第2課

11

母音だけを表すときは、無音価子音字「ㅇ」を付けます。

①	야								
②	야								
③	어								
④	여								
⑤	오								
⑥	요								
⑦	우								
⑧	유								
⑨	으								
⑩	이								

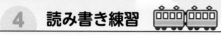
第1部

第2課

아이 子ども			오이 きゅうり		
이유 理由			여우 キツネ		
오 五 ⑤			우유 牛乳		
이 二 ②			이 歯		

コラム1　韓国に関する基本知識

面積：約10万km^2
　　　（日本の約4分の1）
人口：5162万人
　　　（2022年現在）
通貨：ウォン（원）

北朝鮮

●首都：ソウル（서울）

釜山

済州

日本から韓国までの
飛行時間：約2時間

1 発音される字に〇をつけてみましょう。 🎧 5

1. 아 / 이
2. 우 / 으
3. 야 / 여
4. 오 / 요
5. 우 / 유
6. 어 / 오

2 ハングルをカタカナで書いてみましょう。

1. 아야 ＿＿＿＿＿＿＿＿＿
2. 우유 ＿＿＿＿＿＿＿＿＿
3. 아우 ＿＿＿＿＿＿＿＿＿
4. 오이 ＿＿＿＿＿＿＿＿＿
5. 유이 ＿＿＿＿＿＿＿＿＿
6. 요이 ＿＿＿＿＿＿＿＿＿

3 絵を見ながらハングルに直してみましょう。

1. ② ＿＿＿＿＿＿＿＿＿
2. ＿＿＿＿＿＿＿＿＿
3. ＿＿＿＿＿＿＿＿＿
4. ＿＿＿＿＿＿＿＿＿
5. ⑤ ＿＿＿＿＿＿＿＿＿
6. ＿＿＿＿＿＿＿＿＿

4 聞こえた言葉をハングルで書いてみましょう。 🎧 6

1. ＿＿＿＿＿＿＿＿＿
2. ＿＿＿＿＿＿＿＿＿
3. ＿＿＿＿＿＿＿＿＿
4. ＿＿＿＿＿＿＿＿＿
5. ＿＿＿＿＿＿＿＿＿
6. ＿＿＿＿＿＿＿＿＿

第 3 課　子音字（1）

1　基本子音字14個

次の基本子音14個は、辞書に載っている順です。「ㄱ, ㄷ, ㅂ, ㅈ」は語頭と語中で発音が変わり、発音記号の左側が語頭に来た場合、右側が語中に来た場合の発音です。

ㄱ	ㄴ	ㄷ	ㄹ	ㅁ	ㅂ	ㅅ
[k/g]	[n]	[t/d]	[r,l]	[m]	[p/b]	[s/ʃ]
ㅇ	ㅈ	ㅊ	ㅋ	ㅌ	ㅍ	ㅎ
[∅,ŋ]	[tʃ/dʑ]	[tʃʰ]	[kʰ]	[tʰ]	[pʰ]	[h]

2　発音器官からの分類

子音字は、発音器官をかたどって作られました。

1.　唇を使って出す音	ㅁ, ㅂ, ㅍ	2.　舌を使って出す音	ㄴ, ㄷ, ㅌ, ㄹ
3.　歯を使って出す音	ㅅ, ㅈ, ㅊ	4.　軟口蓋を使って出す音	ㄱ, ㅋ
5.　のどを使って出す音	ㅇ, ㅎ		

3　子音字の発声位置

1	ㅁ, ㅂ, ㅍ
2	ㄷ, ㅌ, ㅅ, ㄴ, ㄹ
3	ㅈ, ㅊ
4	ㄱ, ㅋ, ㅇ
5	ㅎ

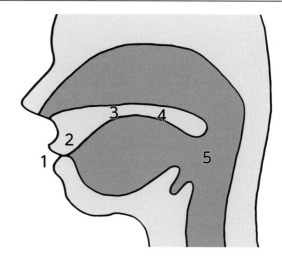

	子音字		発音		発音のポイント
①	ㄱ	기역(キヨク)	[k/g]	가〔カ、ガ〕	語頭では「カ」、語中では「ガ」とほぼ同じ。
②	ㄴ	니은(ニウン)	[n]	나〔ナ〕	「ナ」とほぼ同じ。
③	ㄷ	디귿(ティグッ)	[t/d]	다〔タ、ダ〕	語頭では「タ」、語中では「ダ」とほぼ同じ。
④	ㄹ	리을(リウル)	[r,l]	라〔ラ〕	「ラ」とほぼ同じ。場合によっては〔l〕の発音。
⑤	ㅁ	미음(ミウム)	[m]	마〔マ〕	「マ」とほぼ同じ。
⑥	ㅂ	비읍(ピウプ)	[p/b]	바〔パ、バ〕	「パ」と「バ」の中間くらい。
⑦	ㅅ	시옷(シオッ)	[s/ʃ]	사〔サ〕	「サ」とほぼ同じ。場合によって英語の〔ʃ〕の発音。
⑧	ㅇ	이응(イウン)	[Ø,ŋ]	아〔ア〕	初声「無音」、終声(パッチム)は〔ŋ〕。
⑨	ㅈ	지읒(チウッ)	[tʃ/dʑ]	자〔チャ、ヂャ〕	「チャ、ヂャ」とほぼ同じ。
⑩	ㅊ	치읓(チウッ)	[tʃh]	차〔チャ〕	息を激しく出しながら「チャ」。
⑪	ㅋ	키읔(キウク)	[kh]	카〔カ〕	息を激しく出しながら「カ」。
⑫	ㅌ	티읕(ティウッ)	[th]	타〔タ〕	息を激しく出しながら「タ」。
⑬	ㅍ	피읖(ピウッ)	[ph]	파〔パ〕	息を激しく出しながら「パ」。
⑭	ㅎ	히읗(ヒウッ)	[h]	하〔ハ〕	「ハ」とほぼ同じ。

5 子音字練習Ⅰ（平音、鼻音、流音）🚆🚆 🎧8

次の表の中を発音しながら書いてみましょう。

子音 ＼ 母音	├ [a]	├ [ja]	┤ [ɔ]	┤ [jɔ]	⊥ [o]	⊥ [jo]	┬ [u]	┬ [ju]	─ [ɯ]	│ [i]
① ㄱ [k/g]										
② ㄴ [n]										
③ ㄷ [t/d]										
④ ㄹ [r,l]										
⑤ ㅁ [m]										

6 読み書き練習 🚆🚆 🎧9

고기 肉			다리 橋／脚		
누나 姉			어머니 母		
머리 頭			고구마 サツマイモ		
나라 国			가다 行く		

第1部

第3課

17

復習

1 5回ずつ声に出して読んでみましょう。 🎧10

1. 구두 靴	누구 誰	아니요 いいえ
2. 나 私	나무 木	오다 来る
3. 우리 我々	나이 年齢	다 すべて

2 発音の変化①有声音化 🎧11

子音ㄱ[k]・ㄷ[t]・ㅂ[p]・ㅈ[tʃ] が母音に挟まれるとそれぞれ [g]・[d]・[b]・[dʒ] のように発音します。

고기 肉   가다 行く
[ko-gi]   [ka-da]

3 絵を見ながらハングルに直してみましょう。

1. _____
2. _____
3. _____
4. _____
5. _____
6. _____

4 聞こえた言葉をハングルで書いてみましょう。 🎧12

1. _____
2. _____
3. _____
4. _____
5. _____
6. _____

5 プチ会話 ― 挨拶表現 🎧13

안녕하세요? ［アンニョンハセヨ？］

おはようございます／こんにちは／こんばんは（うちとけた挨拶表現）

18

7 子音字練習Ⅱ（平音、鼻音） 🚃🚃 🎧14

次の表の中を発音しながら書いてみましょう。

母音／子音	ㅏ [a]	ㅑ [ja]	ㅓ [ɔ]	ㅕ [jɔ]	ㅗ [o]	ㅛ [jo]	ㅜ [u]	ㅠ [ju]	ㅡ [ɯ]	ㅣ [i]
⑥ ㅂ [p/b]										
⑦ ㅅ [s/ʃ]										
⑧ ㅇ [Ø,ŋ]										
⑨ ㅈ [tʃ/dʑ]										

8 読み書き練習 🚃🚃 🎧15

바나나 バナナ				바다 海			
아버지 父				버스 バス			
모자 帽子				바지 ズボン			
주스 ジュース				마시다 飲む			

復習

1 5回ずつ声に出して読んでみましょう。 🎧16

1. 부부 夫婦　　보다 見る　　비 雨
2. 사다 買う　　스시 すし　　소고기 牛肉
3. 저 私　　　주부 主婦　　자다 寝る

2 絵を見ながらハングルに直してみましょう。

1. ＿＿＿＿＿＿＿＿＿　　2. ＿＿＿＿＿＿＿＿＿

3. ＿＿＿＿＿＿＿＿＿　　4. ＿＿＿＿＿＿＿＿＿

5. ＿＿＿＿＿＿＿＿＿　　6. ＿＿＿＿＿＿＿＿＿

3 聞こえた言葉をハングルで書いてみましょう。 🎧17

1. ＿＿＿＿＿＿＿＿＿　　2. ＿＿＿＿＿＿＿＿＿

3. ＿＿＿＿＿＿＿＿＿　　4. ＿＿＿＿＿＿＿＿＿

5. ＿＿＿＿＿＿＿＿＿　　6. ＿＿＿＿＿＿＿＿＿

4 プチ会話 — 感謝表現 🎧18

감사합니다. [カムサハムニダ]

ありがとうございます（より公の場で使用）

9 子音字練習Ⅲ（激音）

次の表の中を発音しながら書いてみましょう。

子音 ＼ 母音	ト [a]	ト [ja]	┤ [ɔ]	╡ [jɔ]	⊥ [o]	⊥⊥ [jo]	⊤ [u]	⊤⊤ [ju]	─ [ɯ]	┃ [i]
⑩ ㅊ [tʃʰ]										
⑪ ㅋ [kʰ]										
⑫ ㅌ [tʰ]										
⑬ ㅍ [pʰ]										
⑭ ㅎ [h]										

10 読み書き練習

차 お茶／車			코 鼻		
포도 ぶどう			커피 コーヒー		
노트 ノート			하나 一つ		
고추 唐辛子			타다 乗る		

21

復習

1 5回ずつ声に出して読んでみましょう。 🎧21

1. 차다 冷たい　　치마 スカート　　크다 大きい
2. 허리 腰　　토마토 トマト　　피자 ピザ
3. 우표 切手　　스포츠 スポーツ　　하다 する

2 絵を見ながらハングルに直してみましょう。

1. _____　　2. _____

3. _____　　4. _____

5. _____　　6. _____

3 聞こえた言葉をハングルで書いてみましょう。 🎧22

1. _____　　2. _____

3. _____　　4. _____

5. _____　　6. _____

4 プチ会話 — 挨拶表現 🎧23

잘 가. ［チャル ガ］

バイバイ（親しい人や年下の人と別れるとき）

잘 자. ［チャル ヂャ］

お休み

反切表の完成 🚃🚃 🎧24

基本子音字と基本母音字を組み合わせ、表を埋めてみましょう。

母音 子音	ㅏ [a]	ㅑ [ja]	ㅓ [ɔ]	ㅕ [jɔ]	ㅗ [o]	ㅛ [jo]	ㅜ [u]	ㅠ [ju]	ㅡ [ɯ]	ㅣ [i]
ㄱ [k/g]	가									
ㄴ [n]										
ㄷ [t/d]									듀	
ㄹ [r,l]										
ㅁ [m]										
ㅂ [p/b]										
ㅅ [s/ʃ]					소					
ㅇ [Ø,ŋ]										
ㅈ [tʃ/dʑ]										
ㅊ [tʃʰ]		챠								
ㅋ [kʰ]										
ㅌ [tʰ]										
ㅍ [pʰ]									프	
ㅎ [h]										

第1部

第3課

子音字（2）

1 濃音字5個 🚃🚃

基本子音14個以外に濃音5個があります。濃音は、平音の「ㄱ, ㄷ, ㅂ, ㅅ, ㅈ」を2つ重ねて書き表します。発音はのどを詰まらせて息を外へもらさないようにするのがポイントです。

ㄲ	ㄸ	ㅃ	ㅆ	ㅉ
[ʔk]	[ʔt]	[ʔp]	[ʔs]	[ʔtʃ]

2 発音とポイント 🚃🚃

	濃音字		発 音		発音のポイント
①	ㄲ	쌍기역 （ッサンギヨク）	[ʔk]	까〔ッカ〕	「まっか」の「か」のように前に「っ」を付けて「っか」の感覚で。
②	ㄸ	쌍디귿 （ッサンディグッ）	[ʔt]	따〔ッタ〕	「あった」の「た」のように前に「っ」を付けて「った」の感覚で。
③	ㅃ	쌍비읍 （ッサンビウプ）	[ʔp]	빠〔ッパ〕	「はっぱ」の「ぱ」のように前に「っ」を付けて「っぱ」の感覚で。
④	ㅆ	쌍시옷 （ッサンシオッ）	[ʔs]	싸〔ッサ〕	「あっさり」の「さ」のように前に「っ」を付けて「っさ」の感覚で。
⑤	ㅉ	쌍지읒 （ッサンジウッ）	[ʔtʃ]	짜〔ッチャ〕	「ぽっちゃり」の「ちゃ」のように前に「っ」を付けて「っちゃ」の感覚で。

3 子音字練習（濃音） 🚃🚃 🎧26

次の表の中を発音しながら書いてみましょう。

母音　／　子音	ㅏ [a]	ㅑ [ja]	ㅓ [ɔ]	ㅕ [jɔ]	ㅗ [o]	ㅛ [jo]	ㅜ [u]	ㅠ [ju]	ㅡ [ɯ]	ㅣ [i]
① ㄲ [ʔk]										
② ㄸ [ʔt]										
③ ㅃ [ʔp]										
④ ㅆ [ʔs]										
⑤ ㅉ [ʔtʃ]										

4 読み書き練習 🚃🚃 🎧27

아빠 パパ		오빠 兄	
머리띠 カチューシャ		따로 別々に	

빠르다			짜다		
速い／早い			塩辛い		
비싸다			꼬마		
(値段が)高い			ちびっこ		
아저씨			토끼		
おじさん			ウサギ		

メモ

復 習

1 5回ずつ声に出して読んでみましょう。 28

1. 아까 さっき　　코끼리 象　　꼬다 消す

2. 또 また　　따다 摘む　　따라하다 真似する

3. 싸다 安い　　쓰다 書く　　가짜 ニセモノ

2 平音、激音、濃音を区別しながら発音してみましょう。 29

1. 가 카 까 　　　　　 2. 다 타 따

3. 바 파 빠 　　　　　 4. 사 　 싸

5. 자 차 짜

3 絵を見ながらハングルに直してみましょう。

1. _____　　　 2. _____

3. _____　　　 4. _____

5. _____　　　 6. _____

4 聞こえた言葉をハングルで書いてみましょう。 30

1. _____　　　 2. _____

3. _____　　　 4. _____

5. _____　　　 6. _____

第1部

第4課

平音・激音・濃音の発音比較		発　音				
平音 例) 기 (気)	ほとんど息を伴わず柔らかく発音する。「ㅅ」を除いた「ㄱ、ㄷ、ㅂ、ㅈ」は語頭では無声音、語中では有声音になる。	ㄱ [k/g]	ㄷ [t/d]	ㅂ [p/b]	ㅅ [s]	ㅈ [tʃ/dʑ]
激音 例) 키 (背)	平音より息を溜めて、強く息を吐き出しながら発音する。語頭・語中で決して有声音にならない。	ㅋ [kʰ]	ㅌ [tʰ]	ㅍ [pʰ]	(無)	ㅊ [tʃʰ] ㅎ [h]
濃音 例) 끼 (芸)	息を吐き出さず、のどを詰まらせるような感じで発音する。語頭・語中で決して有声音にならない。	ㄲ [ʔk]	ㄸ [ʔt]	ㅃ [ʔp]	ㅆ [ʔs]	ㅉ [ʔtʃ]

 コラム2 　🇰🇷 **インチョン国際空港**

　インチョン（仁川）国際空港は、韓国最大の国際空港として2001年に完成しました。場所はソウルから西へ1時間ぐらいの距離に位置し、第1ターミナルと第2ターミナルがあります。2つのターミナルは、航空会社によって区別されており、アジア最大級の空港の一つです。インチョン国際空港は、韓国と世界の各都市とを結ぶ国際路線が数多く開設され、50か国以上の国および170以上の都市と結ばれており、東アジア地域のハブ空港としての機能を備えています。インチョン国際空港は国際交流のための入り口になる役割を果たしています。

第5課　パッチム（받침）

パッチムとは、文字全体を支えるものです。音節の最初に来る子音を**初声**、次に来る母音を**中声**、最後に来る子音を**終声（パッチム）**といいます。パッチムの種類は全部で27種類ですが、実際発音される音は7種類です。子音字が2つ来る場合は、どちらか一方だけを発音します。

1　発音とポイント

	発　音	パッチムの文字		発音のポイント
①	−ㄱ [k]	−ㄱ, −ㄲ, −ㅋ 약 薬　떡 もち 밖 外　부엌 台所	−ㄳ, −ㄺ 넋 魂　밝다 明るい 읽다 読む	「こっか」と発音した時の息を留めた状態の [k] の音。
②	−ㄴ [n]	−ㄴ 산 山　눈 目／雪	−ㄵ, −ㄶ 앉다 座る　많다 多い	「そんな」の「ん」の音。
③	−ㄷ [t]	−ㄷ, −ㅌ, −ㅅ, −ㅆ, −ㅈ, −ㅊ, −ㅎ 곧 すぐ　밭 畑　옷 服　있다 ある／いる 낮 昼　빛 光　놓다 置く		「たった」と発音した時の息を留めた状態の [t] の音。
④	−ㄹ [l]	−ㄹ 발 足　술 酒	−ㄺ, −ㄼ, −ㄽ, −ㄾ, −ㅀ 밝게 明るく　여덟 八つ 핥다 なめる　잃다 なくす	舌先を上の歯茎の裏につけて [l] と発音。
⑤	−ㅁ [m]	−ㅁ 곰 熊　봄 春 마음 心	−ㄻ 삶다 ゆでる　젊다 若い	「さんま」の「ん」の音。
⑥	−ㅂ [p]	−ㅂ, −ㅍ 입 口　잎 葉 집 家　짚 わら	−ㅄ, −ㄼ, −ㄿ 밟다 踏む　밟고 踏んで 없다 ない／いない	「トップ」と発音した時の口を閉じた状態の音。
⑦	−ㅇ [ŋ]	−ㅇ 가방 カバン　강 川　땅 土地　빵 パン		「ピンク」の「ン」の音。

① [n]　　　ーㄴ　　　ーㄴㅈ, ーㄴㅎ

🎧31

산 山			돈 お金		
눈 目/雪			언니 姉		
친구 友だち			만나다 会う		

② [l]　　　ーㄹ　　　ーㄹㄱ, ーㄹㅂ, ーㄹㅅ, ーㄹㅌ, ーㄹㅎ

🎧32

발 足			물 水		
할아버지 祖父			할머니 祖母		
교실 教室			일본 日本		

復 習

① 5回ずつ声に出して読んでみましょう。 🎧33

1. 우산 傘　　　시간 時間　　　사진 写真
2. 신문 新聞　　　얼마 いくら　　　빨리 はやく
3. 단어 単語　　　선물 プレゼント　　　연필 鉛筆

② 発音の変化②連音化 🎧34

パッチムの後に初声として「ㅇ」が続くと、そのパッチムは次の初声に移り発音します。

할아버지 祖父　　　단어 単語　　　발이 足が

[하라버지]　　　[다너]　　　[바리]

③ 絵を見ながらハングルに直してみましょう。

1. _____　　2. _____

3. _____　　4. _____

5. _____　　6. _____

④ 聞こえた言葉をハングルで書いてみましょう。 🎧35

1. _____　　2. _____

3. _____　　4. _____

5. _____　　6. _____

③ | [m] | ‐ ㅁ | ‐ ㄻ |

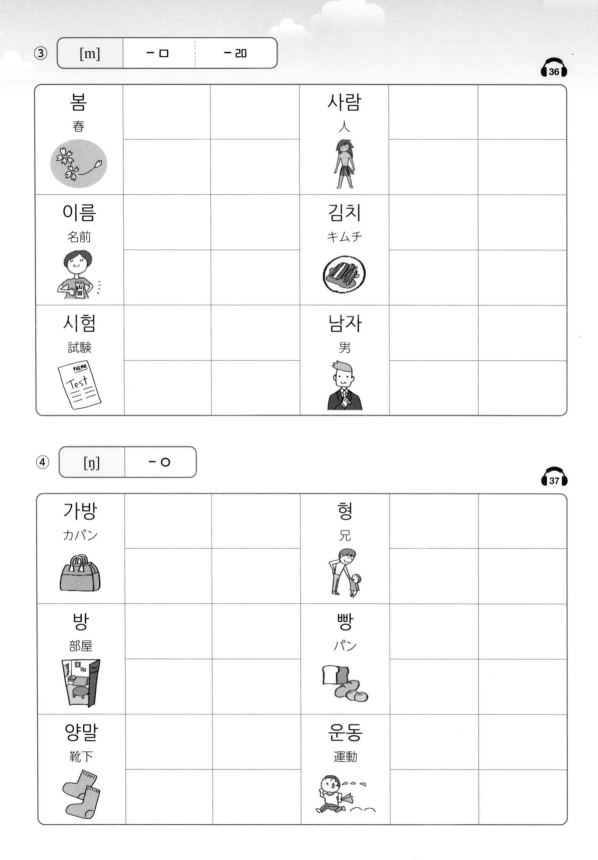

봄 春			사람 人		
이름 名前			김치 キムチ		
시험 試験			남자 男		

④ | [ŋ] | ‐ ㅇ |

가방 カバン			형 兄		
방 部屋			빵 パン		
양말 靴下			운동 運動		

1 5回ずつ声に出して読んでみましょう。 🎧38

1. 다음 次	마음 心	그림 絵
2. 여름 夏	사랑 愛	공부하다 勉強する
3. 안녕? 元気?	안경 眼鏡	정말 本当

2 「ㄴ, ㄹ, ㅁ, ㅇ」パッチムの発音を区別してみましょう。 🎧39

1. 반 半	발 足	밤 夜／栗	방 部屋
2. 단 段	달 月	담 塀	당 党
3. 산 山	살 才	삼 三	상 賞

3 絵を見ながらハングルに直してみましょう。

1. _____

2. _____

3. _____

4. _____

5. _____

6. _____

4 聞こえた言葉をハングルで書いてみましょう。 🎧40

1. _____   2. _____

3. _____   4. _____

5. _____   6. _____

33

⑤ | [k] | -ㄱ, -ㄲ, -ㅋ | -ㄳ, -ㄹㄱ |

역 駅			학교 学校		
한국 韓国			밖 外		
가족 家族			먹다 食べる		

⑥ | [p] | -ㅂ, -ㅍ | -ㅄ, -ㄹㅂ, -ㄹㅍ |

밥 ご飯			집 家		
앞 前			컵 コップ		
수업 授業			입다 着る		

復習

1 5回ずつ声に出して読んでみましょう。 🎧43

1. 시작 始め	약속 約束	음악 音楽
2. 식당 食堂	부엌 台所	입 口
3. 무릎 膝	비빔밥 ビビンバ	어렵다 難しい

2 発音の変化③濃音化 🎧44

パッチム [k] [p] [t] ＋初声「ㄱ・ㄷ・ㅂ・ㅅ・ㅈ」

　　　　⇒初声「ㄲ・ㄸ・ㅃ・ㅆ・ㅉ」と発音します。

학교 学校	입다 着る	먹다 食べる
[학꾜]	[입따]	[먹따]

3 絵を見ながらハングルに直してみましょう。

1. _____

2. _____

3. _____

4. _____

5. _____

6. _____

4 聞こえた言葉をハングルで書いてみましょう。 🎧45

1. _____

2. _____

3. _____

4. _____

5. _____

6. _____

| ⑦ | [t] | ㅡㄷ , ㅡㅌ , ㅡㅅ , ㅡㅆ , ㅡㅈ , ㅡㅊ , ㅡㅎ | 🎧46 |

옷 服			끝 終わり		
꽃 花			무엇 何		
숟가락 スプーン			젓가락 箸		
있다 ある／いる			맛있다 おいしい		
늦다 遅い			좋다 良い		

⛵ **パッチム（終声）の子音字が2つの場合**

パッチム（終声）には2つの子音字からなる文字があります。この場合、いずれか一方のみの子音字を読みます。

左側を読む	ㄳ , ㄵ , ㅀ , ㄼ , ㄽ , ㄾ , ㅀ , ㅄ	例）여덟 八つ
右側を読む	ㄺ , ㄻ , ㄿ , ㄼ※	例）닭 鶏

※右側を読む「ㄼ」の場合は、밟다（踏む）のみ。

復 習

1 5回ずつ声に出して読んでみましょう。 47

1. 듣다 聞く　　　　닫다 閉める　　　　받다 もらう

2. 다섯 五つ　　　　여섯 六つ　　　　낮 昼

3. 밭 畑　　　　　팥 小豆　　　　　밑 下

2 発音の変化④激音化 🎧 48

● パッチム [k] [P] [t] ㅈ＋初声「ㅎ」
　⇒パッチム無し＋初声「ㅋ・ㅍ・ㅌ・ㅊ」と発音します。
● パッチム「ㅎ」＋初声 |ㄱ・ㄷ・ㅈ」
　⇒パッチム無し＋初声「ㅋ・ㅌ・ㅊ」と発音します。

　　축하 祝賀　　　　　입학 入学　　　　　좋다 良い

　　[추카]　　　　　　 [이팍]　　　　　　 [조타]

3 絵を見ながらハングルに直してみましょう。

1. ＿＿＿＿＿＿＿＿＿＿　　2. ＿＿＿＿＿＿＿＿＿＿

3. ＿＿＿＿＿＿＿＿＿＿　　4. ＿＿＿＿＿＿＿＿＿＿

5. ＿＿＿＿＿＿＿＿＿＿　　6. ＿＿＿＿＿＿＿＿＿＿

4 聞こえた言葉をハングルで書いてみましょう。 49

1. ＿＿＿＿＿＿＿＿＿＿　　2. ＿＿＿＿＿＿＿＿＿＿

3. ＿＿＿＿＿＿＿＿＿＿　　4. ＿＿＿＿＿＿＿＿＿＿

5. ＿＿＿＿＿＿＿＿＿＿　　6. ＿＿＿＿＿＿＿＿＿＿

第6課 ★ 合成母音字

1 合成母音字11個

ㅐ	ㅒ	ㅔ	ㅖ	ㅘ	ㅙ	ㅚ	ㅝ	ㅞ	ㅟ	ㅢ
[ɛ]	[jɛ]	[e]	[je]	[wa]	[wɛ]	[we]	[wɔ]	[we]	[wi]	[ɯi]

2 発音とポイント

	母音字		発音		発音のポイント
①	ㅐ	(ㅏ + ㅣ)	[ɛ]	애〔エ〕	唇を横に引きながら「エ」。
②	ㅒ	(ㅑ + ㅣ)	[jɛ]	얘〔イェ〕	唇を横に引きながら「イェ」。
③	ㅔ	(ㅓ + ㅣ)	[e]	에〔エ〕	「エ」とほぼ同じ。
④	ㅖ	(ㅕ + ㅣ)	[je]	예〔イェ〕	「イェ」とほぼ同じ。
⑤	ㅘ	(ㅗ + ㅏ)	[wa]	와〔ワ〕	「ワ」とほぼ同じ。
⑥	ㅙ	(ㅗ + ㅐ)	[wɛ]	왜〔ウェ〕	唇を丸めて「ウェ」を発音し、最後は唇を横に引く。
⑦	ㅚ	(ㅗ + ㅣ)	[we]	외〔ウェ〕	最後まで唇を丸めたまま「ウェ」。
⑧	ㅝ	(ㅜ + ㅓ)	[wɔ]	워〔ウォ〕	唇を丸めて「ウォ」と発音し、最後は口を開く。
⑨	ㅞ	(ㅜ + ㅔ)	[we]	웨〔ウェ〕	唇を軽く前に突き出しながら「ウェ」。
⑩	ㅟ	(ㅜ + ㅣ)	[wi]	위〔ウィ〕	唇を丸めて前に突き出しながら素早く「ウィ」。
⑪	ㅢ	(ㅡ + ㅣ)	[ɯi]	의〔ウィ〕	最後まで唇を横に引いたまま素早く「ウィ」。

3　合成母音字練習　🎧51

母音だけを表すときは、無音価子音字「ㅇ」を付けます。

① 애								
② 얘								
③ 에								
④ 예								
⑤ 와								
⑥ 왜								
⑦ 외								
⑧ 워								
⑨ 웨								
⑩ 위								
⑪ 의								

4　読み書き練習　🎧52

배 お腹／梨／船				얘기 話			

「예」 － 2 通りの発音に注意！

① 初声に「ㅇ」が使われる場合だけ［예］と発音します。 例）예고 予告 → ［예고］

② それ以外の子音が使われる場合は［ㅔ］と発音します。 例）세계 世界 → ［세게］

예/네				시계			
はい				時計			
영화				고마워요			
映画				ありがとう			
돼지				회사			
豚				会社			
웨이브				귀			
ウェーブ				耳			

「의」 － 3 通りの発音に注意！

① 単語の最初の文字として使われる場合は［의］と発音します。

　例）의사 医者 → ［의사］　　의자 椅子 → ［의자］

②「ㅇ」以外の子音と使われる場合や単語の 2 音節以降で使われる場合は［이］と発音します。

　例）희생 犠牲 → ［히생］　　주의 注意 → ［주이］

③ 所有を表わす「～の」の意味を持つ助詞として使われる場合は［에］と発音します。

　例）우리의 꿈 我々の夢 → ［우리에 꿈］　　선생님의 책 先生の本 → ［선생님에 책］

의사				의자			
医者				椅子			
의사의 의자				편의점			
医者の椅子				コンビニ			

復習

1 5回ずつ声に出して読んでみましょう。 55

1. 책 本　　　　　선생님 先生　　　　　대학생 大学生

2. 숙제 宿題　　　메일 メール　　　　주세요 ください

3. 화장실 トイレ　　왜 なぜ　　　　　취미 趣味

2 合成母音の発音を確認しながら、声に出して読んでみましょう。 🎧 56

1. 예약[예약] 予約　　　실례[실레] 失礼　　　계약[게약] 契約

2. 예의[예이] 礼儀　　　희다[히다] 白い　　　주의[주이] 注意

3. 우리의 희망[우리에 히망] 我々の希望

　　나의 꿈[나에 꿈] 私の夢

3 絵を見ながらハングルに直してみましょう。

1. _____　　2. _____

3. _____　　4. _____

5. _____　　6. _____

4 聞こえた言葉をハングルで書いてみましょう。 🎧 57

1. _____　　2. _____

3. _____　　4. _____

5. _____　　6. _____

第1部

第6課

第2部　文法と会話

저는 다나카 리쿠입니다.

수아 : 안녕하세요? 저는 이수아입니다.

리쿠 : 안녕하세요? 저는 다나카 리쿠입니다.

수아 : 리쿠 씨는 대학생입니까?

리쿠 : 네, 대학생입니다.

수아 : 저도 대학생입니다.

리쿠 : 만나서 반갑습니다.

スア : こんにちは。私はイ・スアです。
リク : こんにちは。私はタナカリクです。
スア : リクさんは大学生ですか。
リク : はい、大学生です。
スア : 私も大学生です。
リク : お会いできて嬉しいです。

単語と表現

● 저	私（謙譲語）	● -씨	～さん（～氏）
● -는/은	～は	● 대학생	大学生
● 네(예)/아니요(아뇨)	はい／いいえ	● -도	～も
● 안녕하세요?	「おはようございます」「こんにちは」「こんばんは」		
● -입니다/입니까?	～です／ですか		
● 만나서 반갑습니다.	お会いできて嬉しいです。		

学習内容

1-1	-는/은	～は
1-2	-입니다/입니까?	～です／ですか
1-3	-도	～も

1-1  -는/은 ：～は

● 「～は」にあたる助詞です。前に来る名詞の最後にパッチムがない場合は「-는」、ある場合は「-은」を付けます。

～は	① パッチムなし（母音で終わる語）＋ 는
	② パッチムあり（子音で終わる語）＋ 은

친구는　友だちは　　언니는　姉は　　여기는　ここは
선생님은　先生は　　형은　兄は　　집은　家は

1-2 -입니다/입니까? ：～です／ですか

● 「～です／ですか」にあたる表現です。
● 発音は「입니다」→［임니다］、「입니까?」→［임니까?］になるので注意しましょう。

名詞＋です	① 名詞 ＋ 입니다
名詞＋ですか	② 名詞 ＋ 입니까?

A: 대학교입니까?　大学ですか。　　B: 대학교입니다.　大学です。
A: 한국 사람입니까?　韓国人ですか。　　B: 한국 사람입니다.　韓国人です。
A: 회사원입니까?　会社員ですか。　　B: 회사원입니다.　会社員です。

1-3 -도 ：～も

● 「～も」にあたる助詞です。

저도　私も　　형도　兄も　　친구도　友だちも
동생도　弟/妹も　　일본 사람도　日本人も　　중국 사람도　中国人も

46

1-1 次の単語に助詞「-는/은 ～は」を入れてみましょう。

1. 저＿＿＿＿＿　　　私は
2. 남동생＿＿＿＿＿　　弟は
3. 취미＿＿＿＿　　　趣味は
4. 집＿＿＿＿＿＿　　家は
5. 친구＿＿＿＿　　　友だちは
6. 이것＿＿＿＿＿　　これは

1-2 「名詞＋입니다」の表現にしてみましょう。

1. 서울　　＿＿＿＿＿＿＿＿＿＿＿＿＿＿＿　　ソウルです。
2. 도쿄　　＿＿＿＿＿＿＿＿＿＿＿＿＿＿＿　　東京です。
3. 일본 사람　＿＿＿＿＿＿＿＿＿＿＿＿＿＿　　日本人です。
4. 대학생　　＿＿＿＿＿＿＿＿＿＿＿＿＿＿　　大学生です。
5. 회사원　　＿＿＿＿＿＿＿＿＿＿＿＿＿＿　　会社員です。

1-3 「名詞＋입니까?」の表現にしてみましょう。

1. 한국 사람　＿＿＿＿＿＿＿＿＿＿＿＿＿＿　　韓国人ですか。
2. 대학교　　＿＿＿＿＿＿＿＿＿＿＿＿＿＿　　大学ですか。
3. 주부　　　＿＿＿＿＿＿＿＿＿＿＿＿＿＿　　主婦ですか。
4. 피아노　　＿＿＿＿＿＿＿＿＿＿＿＿＿＿　　ピアノですか。
5. 고등학생　＿＿＿＿＿＿＿＿＿＿＿＿＿＿　　高校生ですか。

第2部

第1課

例のように文章を作ってみましょう。

例) 저 私 / 대학생 大学生 → 저는 대학생입니다. 私は大学生です。

1. 친구 友だち / 한국 사람 韓国人 _____

2. 집 家 / 서울 ソウル _____

3. 어머니 母 / 주부 主婦 _____

4. 취미 趣味 / 피아노 ピアノ _____

5. 이것 これ / 냉면 冷麺 _____

2 例のように質問に答えてみましょう。

例) A: 대학생입니까? 大学生ですか。
B: 네, 대학생입니다. はい、大学生です。 아니요, 회사원입니다. いいえ、会社員です。

1. A: 집은 도쿄입니까? 家は東京ですか。
   B: _____

2. A: 취미는 스포츠입니까? 趣味はスポーツですか。
   B: _____

3. A: 선생님은 한국 사람입니까? 先生は韓国人ですか。
   B: _____

4. A: 여기는 대학교입니까? ここは大学ですか。
   B: _____

5. A: 이름은 다나카입니까? 名前はタナカですか。
   B: _____

 日本語のハングル表記
- 以下の点に注意しましょう。【参照p.146】
① カ行、タ行、キャ行、チャ行に限り、語頭と語中の表記が異なります。
② 長音は表記しません。「大野太郎 → 오노 다로」
③ 「ン」は「ㄴ」を、促音（小さい「ッ」）は「ㅅ」をパッチムとして表記します。
  「神田川 → 간다가와」「服部 → 핫토리」
④ 「す、ず、つ、づ」は「스, 즈, 쓰, 즈」と表記します。

리쿠 씨는 대학생이에요?

🎧59

수아: 리쿠 씨는 대학생이에요?

리쿠: 네, 대학생이에요.

수아: 몇 학년이에요?

리쿠: 이 학년이에요.

수아: 저는 일 학년이에요.

리쿠: 잘 부탁드립니다.

スア: リクさんは大学生ですか。
リク: はい、大学生です。
スア: 何年生ですか。
リク: 2年生です。
スア: 私は1年生です。
リク: よろしくお願いします。

単語と表現

- **-예요/이에요(?)**   ～です(か)
- **일 학년**   1年生
- **잘 부탁드립니다.**   よろしくお願いします。
- **몇 학년**   何年生
- **이 학년**   2年生
- **대학생**   大学生

<table>
<tr><th colspan="2">学習内容</th></tr>
<tr><td>2-1</td><td>-예요/이에요(?)　　　　　　　～です(か)</td></tr>
<tr><td>2-2</td><td>漢数字</td></tr>
<tr><td>2-3</td><td>몇　　　　　　何</td></tr>
</table>

2-1 -예요/이에요(?) : ～です(か)

● 「～です(か)」にあたる表現です。「-입니다/입니까?」に比べて柔らかい表現で、主に会話体で使われます。語尾のイントネーションを上げれば疑問形になります。

| 名詞＋です(か) | ① パッチムなし ＋ 예요(?) |
| | ② パッチムあり ＋ 이에요(?) |

A: **친구예요?** 友だちですか。　　B: **네, 친구예요.** はい、友だちです。

A: **대학생이에요?** 大学生ですか。　　B: **네, 대학생이에요.** はい、大学生です。

A: **한국 사람이에요?** 韓国人ですか。　　B: **아니요, 일본 사람이에요.** いいえ、日本人です。

2-2 漢数字

● 数字には2種類があります。一つは「いち、に…」と数える読み方の漢数字、もう一つは「ひとつ、ふたつ…」と数える読み方の固有数字です。ここでは漢数字を学習します。

● 電話番号を読むときのみ「0」は「공」と読みます。

● 16「십육」は[심뉵]と発音します。

1	2	3	4	5	6	7	8	9	10
일	이	삼	사	오	육	칠	팔	구	십
11	12	13	20	30	百	千	万	億	0
십일	십이	십삼	이십	삼십	백	천	만	억	영/공

28 **이십팔**　　　150 **백오십**　　　18,000 **만 팔천**

150,000 **십오만**　　　020-4534-1897 **공이공-사오삼사-일팔구칠**

2-3 몇 : 何

● 数量を尋ねるときに使われる疑問詞です。「몇 학년 何年生」「몇 번 何番」のように助数詞を用いて使われます。

A: **몇 학년이에요?** 何年生ですか。　　B: **일 학년이에요.** 1年生です。

A: **몇 번이에요?** 何番ですか。　　B: **십오 번이에요.** 15番です。

A: **몇 페이지예요?** 何ページですか。　　B: **오십 페이지예요.** 50ページです。

2-1　次の単語に「-예요/이에요 〜です」を入れてみましょう。

1. 시계＿＿＿＿＿　　時計です。
2. 안경＿＿＿＿＿＿　　眼鏡です。
3. 오빠＿＿＿＿＿　　兄です。
4. 일본 사람＿＿＿＿＿　　日本人です。
5. 학교＿＿＿＿＿　　学校です。
6. 일 학년＿＿＿＿＿　　1年生です。

2-2　表を埋めてみましょう。

1	2	3	4	5	6	7	8	9	10
일									
11	12	13	20	30	百	千	万	億	0
십일									/공

2-3　数字の読みをハングルで書いてみましょう。

1. 25　＿＿＿＿＿＿＿＿
2. 18,900　＿＿＿＿＿＿＿＿
3. 360　＿＿＿＿＿＿＿＿
4. 24,000　＿＿＿＿＿＿＿＿
5. 1,700　＿＿＿＿＿＿＿＿
6. 510,000　＿＿＿＿＿＿＿＿
7. 030-4852-8440　＿＿＿＿＿＿＿＿＿＿＿＿

2-4　「몇＋助数詞ですか」の表現にしてみましょう。

1. ＿＿＿＿＿＿＿＿＿＿＿＿＿＿　　何年生ですか。
2. ＿＿＿＿＿＿＿＿＿＿＿＿＿＿　　何番ですか。
3. ＿＿＿＿＿＿＿＿＿＿＿＿＿＿　　何ページですか。

第2部

第2課

例のように文章を作ってみましょう。

例) 저 私/대학생 大学生 → 저는 대학생이에요. 私は大学生です。

1. 여동생 妹/고등학생 高校生 _____
2. 집 家/오사카 大阪 _____
3. 선생님 先生/중국 사람 中国人 _____
4. 번호 番号/15번 15番 _____
5. 비빔밥 ビビンバ/한국 음식 韓国料理 _____

2 例のように質問に答えてみましょう。

例) A: 대학생이에요? 大学生ですか。
　　B: 네, 대학생이에요. はい、大学生です。 아니요, 회사원이에요. いいえ、会社員です。

1. A: 집은 도쿄예요? 家は東京ですか。
　 B: _____

2. A: 취미는 스포츠예요? 趣味はスポーツですか。
　 B: _____

3. A: 선생님은 한국 사람이에요? 先生は韓国人ですか。
　 B: _____

4. A: 여기는 병원이에요? ここは病院ですか。
　 B: _____

5. A: 이름은 다나카예요? 名前はタナカですか。
　 B: _____

3 質問に答えてみましょう。

1. A: 몇 학년이에요? 何年生ですか。
　 B: _____

2. A: 교과서는 몇 페이지예요? 教科書は何ページですか。
　 B: _____

3. A: 전화 번호는 몇 번이에요? 電話番号は何番ですか。
　 B: _____

대학생이 아니에요.

🎧 60

수아 : 리쿠 씨, 누구예요? 친구예요?

리쿠 : 아니요, 친구가 아니에요.

대학교 선배예요.

수아 : 선배는 몇 학년이에요?

리쿠 : 대학생이 아니에요.

회사원이에요.

スア : リクさん、誰ですか。友だちですか。
リク : いいえ、友だちではありません。
　　　大学の先輩です。
スア : 先輩は何年生ですか。
リク : 大学生ではありません。
　　　会社員です。

単語と表現

- **누구**　　誰
- **선배**　　先輩
- **대학생**　　大学生

- **-가/이 아니에요**　　～ではありません
- **몇 학년**　　何年生
- **회사원**　　会社員

3-1 ✈ -가/이 ：～が

● 「～が」にあたる助詞です。前に来る名詞の最後にパッチムがない場合は「-가」、ある場合は「-이」を付けます。

～が	① パッチムなし + **가**
	② パッチムあり + **이**

친구가 友だちが   **언니가** 姉が   **여기가** ここが

선생님이 先生が   **형이** 兄が   **집이** 家が

3-2 ✈ -가/이 아니에요 ：～ではありません

● 「～ではありません」にあたる表現です。疑問形は同じ形で語尾のイントネーションを上げます。
● 前に来る名詞の最後にパッチムがない場合は「-가 아니에요」、ある場合は「-이 아니에요」を付けます。

～ではありません	① パッチムなし + **가 아니에요**
	② パッチムあり + **이 아니에요**

교과서 → **교과서가 아니에요.** 教科書ではありません。

커피 → **커피가 아니에요.** コーヒーではありません。

미국 사람 → **미국 사람이 아니에요.** アメリカ人ではありません。

지하철역 → **지하철역이 아니에요.** 地下鉄の駅ではありません。

3-3 ✈ 누구 ：誰

● 「誰」にあたる疑問詞です。

A: **누구예요?** 誰ですか。   B: **한국어 선생님이에요.** 韓国語の先生です。

A: **누구예요?** 誰ですか。   B: **대학교 후배예요.** 大学の後輩です。

3-1 次の単語に助詞「-가 / 이 ～が」を入れてみましょう。

1. 한국 사람＿＿＿＿＿＿＿ 韓国人が
2. 학교＿＿＿＿＿＿＿ 学校が
3. 강아지＿＿＿＿＿＿＿ 子犬が
4. 여동생＿＿＿＿＿＿＿ 妹が
5. 홍차＿＿＿＿＿＿＿ 紅茶が
6. 그것＿＿＿＿＿＿＿ それが

3-2 「名詞＋가 / 이 아니에요 ～ではありません」の表現にしてみましょう。

1. 대학생 ＿＿＿＿＿＿＿＿＿＿＿＿＿＿＿＿＿ 大学生ではありません。
2. 여기 ＿＿＿＿＿＿＿＿＿＿＿＿＿＿＿＿＿＿ ここではありません。
3. 오늘 ＿＿＿＿＿＿＿＿＿＿＿＿＿＿＿＿＿＿ 今日ではありません。
4. 처음 ＿＿＿＿＿＿＿＿＿＿＿＿＿＿＿＿＿＿ 初めてではありません。
5. 교사 ＿＿＿＿＿＿＿＿＿＿＿＿＿＿＿＿＿＿ 教師ではありません。

3-3 下線を埋めてみましょう。

1. ＿＿＿＿＿＿예요? 誰ですか。 　 ＿＿＿＿＿＿예요. 友だちです。
2. ＿＿＿＿＿＿예요? 誰ですか。 　 ＿＿＿＿＿＿이에요. 先生です。
3. ＿＿＿＿＿＿예요? 誰ですか。 　 ＿＿＿＿＿＿예요. 母です。
4. ＿＿＿＿＿＿예요? 誰ですか。 　 ＿＿＿＿＿＿이에요. 弟です。
5. ＿＿＿＿＿＿예요? 誰ですか。 　 ＿＿＿＿＿＿예요. 先輩です。

まとめ練習問題

 例のように文章を作ってみましょう。

例) 저 私/대학생 大学生 → 저는 대학생이 아니에요. 私は大学生ではありません。

1. 저 私/한국 사람 韓国人 _____

2. 집 家/서울 ソウル _____

3. 어머니 母/주부 主婦 _____

4. 취미 趣味/피아노 ピアノ _____

5. 이것 これ/냉면 冷麺 _____

 例のように質問に答えてみましょう。

例) A: 회사원이에요? 会社員ですか。（大学生）
    B: 회사원이 아니에요. 대학생이에요. 会社員ではありません。大学生です。

1. A: 이것은 책이에요? これは本ですか。 （ノート）
   B: _____

2. A: 선배는 4학년이에요? 先輩は4年生ですか。 （3年生）
   B: _____

3. A: 선생님은 일본 사람이에요? 先生は日本人ですか。 （韓国人）
   B: _____

4. A: 여기는 고등학교예요? ここは高校ですか。 （大学）
   B: _____

5. A: 그것은 홍차예요? それは紅茶ですか。 （コーヒー）
   B: _____

일요일에 시간이 있어요?

🎧 61

수아 : 일요일에 시간이 있어요?

리쿠 : 아뇨, 없어요.

수아 : 무엇이 있어요?

리쿠 : 알바가 있어요.

수아 : 알바 재미있어요?

리쿠 : 네, 진짜 재미있어요.

スア： 日曜日に時間がありますか。
リク： いいえ、ありません。
スア： 何がありますか。
リク： アルバイトがあります。
スア： アルバイト面白いですか。
リク： はい、本当に面白いです。

第 2 部

第 4 課

単語と表現

● 일요일	日曜日	● -에	〜に
● 있어요	あります／います	● 없어요	ありません／いません
● 무엇	何	● 알바(아르바이트)	アルバイト
● 재미있어요(?)	面白いです(か)	● 진짜	本当に

学習内容

4-1	-에	～に（時間・位置）
4-2	있어요/없어요	あります（います）／ありません（いません）
4-3	무엇	何

4-1 　-에 ：～に（時間・位置）

● 「～に」にあたる助詞です。名詞に付いて時間・位置（場所）を表します。

일요일에	日曜日に	편의점에	コンビニに	앞에	前に
오후에	午後に	조금 전에	少し前に	안에	中に

4-2 　있어요/없어요 ：あります（います）／ありません（いません）

● 日本語とは異なり、韓国語では人や動物や物、すべてに「있어요/없어요」を使います。語尾のイントネーションを上げれば疑問形になります。

주말에 알바가 있어요. 　週末にアルバイトがあります。

편의점에 화장실이 있어요. 　コンビニにトイレがあります。

필통에 지우개가 있어요? 　筆箱に消しゴムがありますか。

학교 앞에 우체국이 없어요. 　学校の前に郵便局がありません。

한국에 친구가 없어요. 　韓国に友だちがいません。

지갑에 돈이 없어요? 　財布にお金がありませんか。

4-3 　무엇 ：何

● 「何」にあたる疑問詞です。

A: **내일 무엇이 있어요?**
　明日何がありますか。

B: **영어 수업이 있어요.**
　英語の授業があります。

A: **가방에 무엇이 있어요?**
　カバンに何がありますか。

B: **사전이 있어요.**
　辞書があります。

A: **토요일에 무엇이 있어요?**
　土曜日に何がありますか。

B: **콘서트가 있어요.**
　コンサートがあります。

4-1 次の単語に助詞「-에 〜に」を入れて、（　）に日本語訳を書いてみましょう。

1. 집＿＿＿＿＿　（　　　　　　　　）　　2. 한국＿＿＿＿＿　（　　　　　　　　）

3. 일요일＿＿＿＿　（　　　　　　　　）　　4. 앞＿＿＿＿＿＿　（　　　　　　　　）

5. 편의점＿＿＿＿　（　　　　　　　　）　　6. 회사＿＿＿＿＿　（　　　　　　　　）

4-2 「名詞＋가/이 있어요（없어요）〜があります（ありません）」の表現にしてみましょう。

1. 여동생　＿＿＿＿＿＿＿＿＿＿＿＿＿＿＿＿＿＿＿　妹がいます。

2. 수업　　＿＿＿＿＿＿＿＿＿＿＿＿＿＿＿＿＿＿＿　授業があります。

3. 약속　　＿＿＿＿＿＿＿＿＿＿＿＿＿＿＿＿＿＿＿　約束があります。

4. 비행기표　＿＿＿＿＿＿＿＿＿＿＿＿＿＿＿＿＿＿＿　飛行機のチケットがありません。

5. 남자 친구　＿＿＿＿＿＿＿＿＿＿＿＿＿＿＿＿＿＿＿　彼氏がいません。

4-3 「A에 B가/이 있어요（없어요）AにBがあります（ありません）」の表現にしてみましょう。

1. A: 학교　　B: 도서관　＿＿＿＿＿＿＿＿＿＿＿＿＿　学校に図書館があります。

2. A: 오후　　B: 미팅　＿＿＿＿＿＿＿＿＿＿＿＿＿＿　午後にミーティングがありません。

3. A: 토요일　B: 약속　＿＿＿＿＿＿＿＿＿＿＿＿＿＿　土曜日に約束があります。

4. A: 교실　　B: 학생　＿＿＿＿＿＿＿＿＿＿＿＿＿＿　教室に学生がいません。

5. A: 지갑　　B: 돈　＿＿＿＿＿＿＿＿＿＿＿＿＿＿＿　財布にお金がありません。

4-4 絵を見て下線を埋めてみましょう。

1. A: ＿＿＿＿＿＿＿가/이 있어요?　　B: ＿＿＿＿＿＿＿＿＿＿＿　靴

2. A: ＿＿＿＿＿＿＿가/이 있어요?　　B: ＿＿＿＿＿＿＿＿＿＿＿　宿題

3. A: ＿＿＿＿＿＿＿가/이 있어요?　　B: ＿＿＿＿＿＿＿＿＿＿＿　ビビンバ

例のように文章を作ってみましょう。

例) 일요일 日曜日 / 알바 アルバイト / 있어요 → 일요일에 알바가 있어요. 日曜日にアルバイトがあります。

1. 아침 朝 / 일 用事 / 있어요 _____

2. 방 部屋 / 에어컨 エアコン / 없어요 _____

3. 오전 午前 / 수업 授業 / 있어요 _____

4. 가게 店 / 자리 席 / 없어요 _____

5. 학교 学校 / 은행 銀行 / 있어요 _____

2 例のように質問に答えてみましょう。

例) A: 교실에 선생님이 있어요? 教室に先生がいますか。
　　B: 네, 있어요. はい、います。 아니요, 없어요. いいえ、いません。

1. A: 집에 강아지가 있어요? 家は子犬がいますか。
　 B: _____

2. A: 가방에 지갑이 있어요? カバンに財布がありますか。
　 B: _____

3. A: 오후에 알바가 있어요? 午後にアルバイトがありますか。
　 B: _____

4. A: 학교에 식당이 있어요? 学校に食堂がありますか。
　 B: _____

5. A: 한국에 친구가 있어요? 韓国に友だちがいますか。
　 B: _____

자기소개

제 이름은 리쿠라고 합니다.

대학생이에요.

나이는 열아홉 살이에요.

우리 가족은 아버지, 어머니, 누나, 남동생이

두 명 있어요.

그리고 강아지도 한 마리 있어요.

취미는 유튜브예요.

私の名前はリクといいます。
大学生です。
歳は19才です。
私の家族は父、母、姉、弟が2人います。
そして子犬も1匹います。
趣味はYouTubeです。

単語と表現

● 자기소개	自己紹介	● 제	私の
● -(이)라고 합니다	～といいます	● 나이	年齢
● 열아홉 살	19才	● 두 명	2人／2名
● 그리고	そして	● 강아지	子犬
● 한 마리	1匹	● 유튜브	YouTube

5-1 　-의 ： 〜の

- 「〜の」にあたる助詞です。助詞「-의」は［에］と発音します。
- 나의 → 내　僕の、저의 → 제　私の　のように縮約形の方が用いられる場合が多いです。

선생님의 안경　先生の眼鏡　　　　　**오늘의 날씨**　今日の天気

내 가방　僕のカバン　　　　　　　　**제 이름**　私の名前

5-2 　固有数字

- 日本語の「ひとつ、ふたつ…」にあたり、99まで数えられます。
- 後ろに助数詞が付くと、「하나, 둘, 셋, 넷, 스물」は「한, 두, 세, 네, 스무」に変わるので注意が必要です。
- 固有数字に付く助数詞には、「개 個」「살 才」「시 時」「명 名」「잔 杯」「장 枚」「마리 匹」などがあります。

1つ	2つ	3つ	4つ	5つ	6つ	7つ	8つ	9つ	10
하나 한	둘 두	셋 세	넷 네	다섯	여섯	일곱	여덟	아홉	열
11	20	30	40	50	60	70	80	90	100
열하나 열한	스물 스무	서른	마흔	쉰	예순	일흔	여든	아흔	백

5-3 　家族の呼び名

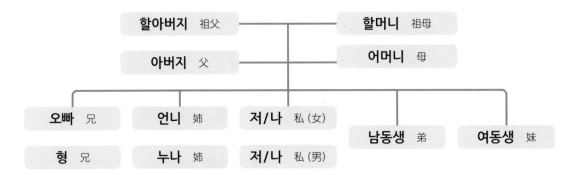

練習問題

5-1 次の単語に助詞「-의 ～の」を入れて、（　）に日本語訳を書いてみましょう。

1. 오늘＿＿＿＿＿　（　　　　　）　2. 선생님＿＿＿＿＿　（　　　　　）

3. 우리＿＿＿＿＿　（　　　　　）　4. 친구＿＿＿＿＿　（　　　　　）

5. 저＿＿/＿＿ 縮約形　（　　　　　）　6. 나＿＿/＿＿ 縮約形　（　　　　　）

5-2 表を埋めてみましょう。

1つ	2つ	3つ	4つ	5つ	6つ	7つ
하나 (한)	(　　)	(　　)	넷 (　　)			
8つ	9つ	10	11	12	20	21
			(　　)	(열두)	(　　)	(스물한)

5-3 「固有数字＋助数詞」を組み合わせてみましょう。

		개 個	살 才	명 名	시 時	잔 杯	장 枚	마리 匹
1	하나							
2	둘							
3	셋							
4	넷							
5	다섯							
10	열							
11	열하나							
12	열둘							
20	스물							
21	스물하나							

第2部

第5課

⛵ 自己紹介を書いてみましょう。

   お店で飛び交う「社長さん、お姉さん、叔母さん」

　韓国のお店では、少し年配の店員さんに声をかけるときは「사장님（サジャンニム）」と呼ぶことがよくあります。サジャンニムとは「社長」という意味ですが、実際にその人がお店の大将や店長かどうかは関係ありません。誰でも社長と呼ばれて気を悪くする人はいないので、お客が無難に呼びたい時に使える便利な言葉なのです。

　同様に、相手が女性の場合は、少し若い方だと「언니（オンニ）」、自分よりかなり年上にみえる場合には「이모（イモ）」と呼ぶことが多々あります。언니は「お姉さん」、이모は「（母方の）叔母さん」を表す言葉ですが、初めて入った店でも親しみを表すために、女性の店員さんを呼ぶときに使うことが多いです。

　またその他、声をかけるときに一番よく使われるのは「여기요（ヨギヨ）, 저기요（チョギヨ）」です。

그것이 뭐예요?

리쿠: 그것이 뭐예요?

수아: 이것은 콘서트 티켓이에요.

리쿠: 누구 콘서트예요?

수아: BST콘서트예요.

리쿠: 그 티켓 한 장에 얼마예요?

수아: 14만 원이에요.

リク: それは何ですか。
スア: これはコンサートのチケットです。
リク: 誰のコンサートですか。
スア: BSTコンサートです。
リク: そのチケット1枚でいくらですか。
スア: 14万ウォンです。

第2部

第6課

単語と表現

- **그것** それ
- **이것** これ
- **그** その
- **얼마** いくら

- **뭐** 何
- **콘서트 티켓** コンサートのチケット
- **-에** 値段を示す「～で」
- **-원** ～ウォン

6-1　指示語

● 「こ／そ／あ／ど」「これ／それ／あれ／どれ」にあたる指示語です。

	この	その	あの	どの
～の	이	그	저	어느
	これ	それ	あれ	どれ
～もの	이것	그것	저것	어느 것

이 볼펜　このボールペン　　　　**그 책**　その本　　　　　　**저 시계**　あの時計

이것은 콘서트 티켓이에요.　これはコンサートのチケットです。

그것은 가족 사진이에요.　それは家族写真です。

저것은 한국어 교과서예요.　あれは韓国語の教科書です。

6-2　뭐 : 何

● 무엇 何 の会話体です。

● 「これは何ですか」のように、疑問詞「무엇・뭐 何／어디 どこ／누구 誰／언제 いつ」を伴う場合、日本語の助詞「～は」のところには、韓国語の助詞「～が」にあたる「-가/이」が使われます。

A: **그것이 뭐예요?**　それは何ですか。

B: **이것은 콘서트 티켓이에요.**　これはコンサートのチケットです。

A: **이것이 뭐예요?**　これは何ですか。

B: **그것은 생일 선물이에요.**　それは誕生日プレゼントです。

6-3　얼마 : いくら

● 「いくら」にあたる疑問詞です。

A: **이 교과서 얼마예요?**　この教科書いくらですか。

B: **만 구천 원이에요.**　1万9千ウォンです。

6-1 表を埋めてみましょう。

～の	この	その	あの	どの
	이			
～もの	これ	それ	あれ	どれ
				어느 것

6-2 下線を埋めてみましょう。

1. _____ 지갑이에요. この財布です。

2. _____ 볼펜이에요. あのボールペンです。

3. _____은 콘서트 티켓이에요. それはコンサートのチケットです。

4. _____은 한국어 교과서예요. これは韓国語の教科書です。

5. 한국 우표는 _____이에요? 韓国の切手はどれですか。

6-3 下線を埋めてみましょう。

1. A: 이것이 _____예요? これは何ですか。

   B: 그것은 _____이에요. それは家族写真です。

2. A: 그것이 _____예요? それは何ですか。

   B: 이것은 _____이에요. これは韓国の新聞です。

3. A: _____이 손님 가방이에요? どれがお客様のカバンですか。

   B: _____이에요. あれです。

4. A: 저것이 _____예요? あれは何ですか。

   B: 저것은 _____이에요. あれは誕生日プレゼントです。

5. A: 이 사과 한 개에 _____예요? このリンゴ1個でいくらですか。

   B: _____이에요. 2,500ウォンです。

例のように質問に答えてみましょう。

例) A: 이것이 뭐예요? これは何ですか。
　　B: 그것은 콘서트 티켓이에요. それはコンサートのチケットです。

1. A: 이것이 뭐예요? (ビビンバ)
　 B: _____

2. A: 그것이 뭐예요? (誕生日プレゼント)
　 B: _____

3. A: 저것이 뭐예요? (図書館)
　 B: _____

4. A: _____?
　 B: 그것은 한국어 사전이에요.

5. A: _____?
　 B: 이것은 우리 아이 옷이에요.

2 例のように質問に答えてみましょう。

例) A: 커피 한 잔에 얼마예요? コーヒー1杯でいくらですか。
　　B: 오천오백 원이에요. 5,500ウォンです。

1. A: 콘서트 티켓 한 장에 얼마예요? コンサートのチケット1枚でいくらですか。
　 B: _____ (150,000ウォン)

2. A: 사과 한 개에 얼마예요? リンゴ1個でいくらですか。
　 B: _____ (2,000ウォン)

3. A: 주스 한 잔에 얼마예요? ジュース1杯でいくらですか。
　 B: _____ (7,000ウォン)

4. A: 그 시계 얼마예요? その時計いくらですか。
　 B: _____ (860,000ウォン)

5. A: 한국어 교과서 얼마예요? 韓国語の教科書いくらですか。
　 B: _____ (24,000ウォン)

여기가 어디예요?

🎧 64

리쿠 :   여기가 어디예요?

수아 :   이태원이에요.

리쿠 :   아! 네, 알아요.

　　　　그럼, 남산도 이 근처에 있어요?

수아 :   네, 이태원은 남산과 한강 사이에 있어요.

リク： ここはどこですか。
スア： 梨泰院です。
リク： あ！ はい、知っています。
　　　では、南山もこの近くにありますか。
スア： はい、梨泰院は南山と漢江の間に
　　　あります。

単語と表現

- **여기**　　ここ
- **이태원**　梨泰院（地名）
- **그럼**　　では
- **근처**　　近く
- **사이**　　間

- **어디**　　どこ
- **알아요**　知っています
- **남산**　　南山（地名）
- **-과**　　　～と
- **한강**　　漢江（川の名前）

7-1 ✈ 指示語（場所）

- 「ここ／そこ／あそこ／どこ」にあたる指示語です。
- 「ここはどこですか」は「ここがどこですか」と表現しますので、注意しましょう。

場所	ここ	そこ	あそこ	どこ
	여기	거기	저기	어디

A: **여기가 어디예요?** ここはどこですか。

B: **여기는 명동이에요.** ここは明洞です。

A: **학교 식당이 어디예요?** 学校の食堂はどこですか。

B: **학교 식당은 저기예요.** 学校の食堂はあそこです。

7-2 ✈ 位置を表す名詞

- 「〜の前」のように「〜の＋位置」の場合、「〜의 의」は省略します。

앞 前	위 上	안 中	사이 間	옆 横
뒤 後ろ	아래 下	밖 外	근처 近く	

책상 위에 뭐가 있어요? 机の上に何がありますか。

학교 안에 은행은 없어요. 学校の中に銀行はありません。

역 근처에 서점은 있어요? 駅の近くに書店はありますか。

7-3 ✈ -와/과 ：〜と

- 「〜と」にあたる助詞です。前に来る名詞の最後にパッチムがない場合は「-와」、ある場合は「-과」が付きます。

〜と	① パッチムなし ＋ **와**
	② パッチムあり ＋ **과**

책과 노트 本とノート   **우유와 빵** 牛乳とパン

아들과 딸 息子と娘   **한국어와 일본어** 韓国語と日本語

練習問題

7-1 表を埋めてみましょう。

場所	ここ	そこ	あそこ	どこ

7-2 表を埋めてみましょう。

前	上	中	間	横

後ろ	下	外	近く

7-3 下線に助詞「-와/과 ～と」を入れてみましょう。

1. 의자_____ 책상　椅子と机

2. 양말_____ 신발　靴下とくつ

3. 연필_____ 지우개　鉛筆と消しゴム

4. 모자_____ 바지　帽子とズボン

5. 이름_____ 핸드폰 번호　名前と携帯電話番号

7-4 下線に位置を表す名詞を入れてみましょう。

1. 나고야는 도쿄와 오사카 _____에 있어요.

2. 삿포로는 아오모리 _____에 있어요.

3. 지바는 도쿄 _____에 있어요.

4. 나고야는 아이치 _____에 있어요.

5. 오키나와는 가고시마 _____에 있어요.

1 例のように質問に答えてみましょう。

例) A: 여기가 어디예요? ここはどこですか。
　　B: 여기는 이태원이에요. ここは梨泰院です。

1. A: 여기가 어디예요? （大学）
　 B: _____

2. A: 거기가 어디예요? （銀行）
　 B: _____

3. A: 저기가 어디예요? （書店）
　 B: _____

 2 例のように質問に答えてみましょう。

例) A: 책이 어디에 있어요? 本はどこにありますか。
　　B: 책상 위에 있어요. 机の上にあります。

1. A: 의자가 어디에 있어요?
　 B: _____

2. A: 핸드폰이 어디에 있어요?
　 B: _____

3. A: 의자 아래에 뭐가 있어요?
　 B: _____

4. A: 책상 위에 뭐가 있어요?
　 B: _____

5. A: 책상과 의자 사이에 뭐가 있어요?
　 B: _____

일요일에 무엇을 합니까?

리쿠 : 일요일에 무엇을 합니까?

수아 : 친구 집에 갑니다.

　　　친구 집에서 생일 파티를 합니다.

리쿠 : 일본에서는 생일 케이크를 먹습니다.

　　　한국에서는 무엇을 먹습니까?

수아 : 케이크와 미역국을 먹습니다.

リク： 日曜日に何をしますか。
スア： 友だちの家に行きます。
　　　友だちの家で誕生日パーティーをします。
リク： 日本では誕生日のケーキを食べます。
　　　韓国では何を食べますか。
スア： ケーキとわかめスープを食べます。

単語と表現

- **일요일**　日曜日
- **갑니다**　行きます
- **생일 파티**　誕生日パーティー
- **생일**　誕生日
- **먹습니다**　食べます
- **미역국**　わかめスープ

- **-를/을**　〜を
- **합니까?**　しますか
- **합니다**　します
- **-에서**　〜で
- **케이크**　ケーキ
- **먹습니까?**　食べますか

8-1　-를/을 : 〜を

● 「〜を」にあたる助詞です。前に来る名詞の最後にパッチムがない場合は「-를」、ある場合は「-을」を付けます。

〜を	① パッチムなし ＋ **를**
	② パッチムあり ＋ **을**

영화를	映画を	공부를	勉強を	커피를	コーヒーを
신문을	新聞を	운동을	運動を	점심을	昼食を

8-2　-에서 : 〜で（場所）

● 場所の「〜で」にあたる助詞です。

학교에서	学校で	친구 집에서	友だちの家で	일본에서	日本で

8-3　합니다体 : 〜ます／です　用言の丁寧形

● 「〜ます／です」にあたるかしこまった用言の丁寧形です。用言の語幹末に①パッチムがない場合は「語幹末＋ㅂ니다」②パッチムがある場合は「語幹末＋습니다」③ㄹ用言（ㄹパッチムで終わる語幹末）の場合には「ㄹを取って＋ㅂ니다」になります。
● 疑問形は「-다」を「-까?」に変えます。

합니다体	① パッチムなしの語幹末 ＋ **ㅂ니다**
	② パッチムありの語幹末 ＋ **습니다**
	③ ㄹ用言の語幹末のㄹを取って ＋ **ㅂ니다**

74

①パッチムなしの語幹末

基本形	語幹末＋ㅂ니다	～ます／です	～ますか／ですか
하다　する	하＋ㅂ니다	합니다	합니까?
마시다　飲む	마시＋ㅂ니다	마십니다	마십니까?

②パッチムありの語幹末

基本形	語幹末＋습니다	～ます／です	～ますか／ですか
있다　ある／いる	있＋습니다	있습니다	있습니까?
먹다　食べる	먹＋습니다	먹습니다	먹습니까?

③ㄹ用言の語幹末

基本形	語幹末ㄹを取って＋ㅂ니다	～ます／です	～ますか／ですか
살다　住む	사＋ㅂ니다	삽니다	삽니까?
만들다　作る	만드＋ㅂ니다	만듭니다	만듭니까?

練習問題

8-1 次の単語に助詞「-를／을　～を」を入れてみましょう。

1. 시험＿＿＿＿＿＿＿　試験を
2. 외국어＿＿＿＿＿＿＿　外国語を
3. 커피＿＿＿＿＿＿＿　コーヒーを
4. 저녁＿＿＿＿＿＿＿　夕食を
5. 선물＿＿＿＿＿＿＿　プレゼントを
6. 시계＿＿＿＿＿＿＿　時計を

8-2 次の単語に助詞「-에서　～で」を入れて、（　　）に日本語訳を書いてみましょう。

1. 집＿＿＿＿＿　（　　　　　　）
2. 한국＿＿＿＿＿　（　　　　　　）
3. 여기＿＿＿＿＿　（　　　　　　）
4. 어디＿＿＿＿＿　（　　　　　　）
5. 도서관＿＿＿＿＿　（　　　　　　）
6. 친구 집＿＿＿＿＿　（　　　　　　）

8-3 次の用言を「합니다体」と「합니다体の疑問形」で書いてみましょう。

		합니다体	합니다体の疑問形
1. 이다	～だ		
2. 보다	見る		
3. 배우다	学ぶ		
4. 받다	もらう		
5. 찾다	探す		
6. 읽다	読む		
7. 좋다	良い		
8. 알다	知る／分かる		
9. 멀다	遠い		
10. 놀다	遊ぶ		

8-4 「-에서／-를·을／합니다体 ～で／～を／～ます」の表現にしてみましょう。

1. 친구 집／생일 파티／하다　友だちの家／誕生日パーティー／する

   _____

2. 백화점／쇼핑／하다　デパート／買い物／する

   _____

3. 도서관／책／읽다　図書館／本／読む

   _____

4. 집／잡채／만들다　家／チャプチェ／作る

   _____

5. 학교／한국어 시험／보다　学校／韓国語の試験／受ける

   _____

1 例のように質問に答えてみましょう。

> 例）A: 오늘은 무엇을 합니까? 今日は何をしますか。(도서관/공부/하다)
>   B: 도서관에서 공부를 합니다. 図書館で勉強をします。

1. A: 오늘은 무엇을 합니까? (영화관/영화/보다)

   B: _____

2. A: 내일은 무엇을 합니까? (집/책/읽다)

   B: _____

3. A: 오후에 무엇을 합니까? (식당/아르바이트/하다)

   B: _____

4. A: 오전에 무엇을 합니까? (집/빵/만들다)

   B: _____

5. A: 일요일에 무엇을 합니까? (운동장/야구/하다)

   B: _____

2 質問に自由に答えてみましょう。

1. A: 어디에서 아르바이트를 합니까?

   B: _____

2. A: 오늘 점심은 어디에서 먹습니까?

   B: _____

3. A: 일요일에 무엇을 합니까?

   B: _____

4. A: 쇼핑은 어디에서 합니까?

   B: _____

5. A: 아침에 무엇을 마십니까?

   B: _____

第2部

第8課

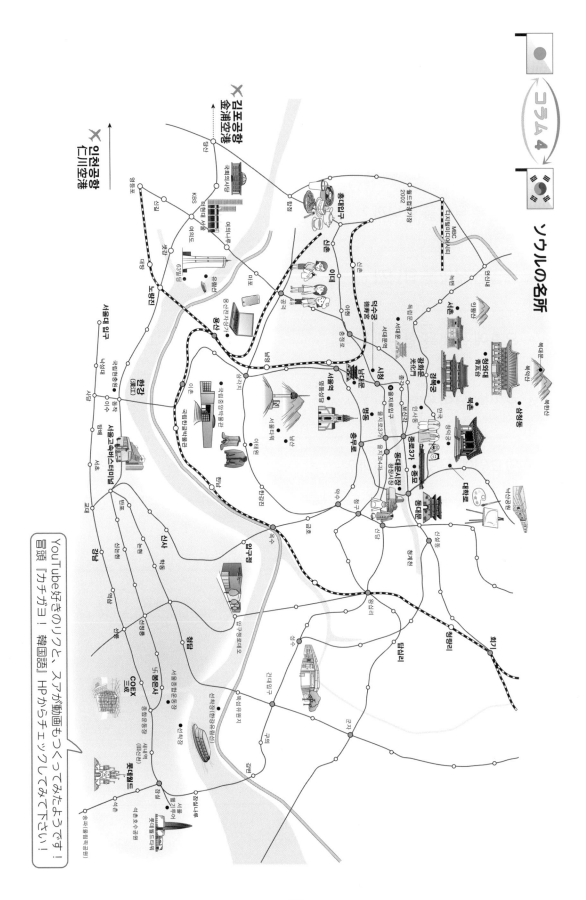

생일이 언제예요?

🎧 66

수아 : 생일이 언제예요?

리쿠 : 10월 10일이에요.

수아 : 그 날 무엇을 합니까?

리쿠 : 친구를 만납니다.

　　　 그리고 친구와 쇼핑을 갑니다.

　　　 저녁도 같이 먹습니다.

スア： 誕生日はいつですか。
リク： 10月10日です。
スア： その日、何をしますか。
リク： 友だちに会います。
　　　 そして友だちと買い物に行きます。
　　　 夕食も一緒に食べます。

単語と表現

- **언제**　　　いつ
- **-일**　　　～日
- **만납니다**　会います
- **같이**　　　一緒に

- **-월**　　　～月
- **그 날**　　その日
- **저녁**　　　夕食
- **먹습니다**　食べます

79

学習内容

9-1	-년/월/일	~年/月/日
9-2	언제	いつ
9-3	「～を」を使う動詞	

9-1 -년/월/일 : ～年/月/日

- 「年／月／日」を表す場合にはすべて漢数字を使います。
- 6月と10月は漢数字が少し変わるので注意しましょう。
- 何月は「몇 월」、何日は「며칠」といいます。

1月	2月	3月	4月	5月	6月
일월	이월	삼월	사월	오월	유월
7月	8月	9月	10月	11月	12月
칠월	팔월	구월	시월	십일월	십이월

오늘이 몇 월 며칠이에요?　今日は何月何日ですか。

시월 십오일이에요.　10月15日です。

9-2 언제 : いつ

- 「いつ」にあたる疑問詞です。

생일이 언제예요?　誕生日はいつですか。

영어 시험이 언제예요?　英語の試験はいつですか。

9-3 「～を」を使う動詞

- 以下の動詞は日本語と異なり韓国語では「～を（-를/을）」を使います。

～が好きだ(嫌いだ)	-를/을 좋아하다(싫어하다)	한국 드라마를 좋아합니다.
～に会う	-를/을 만나다	커피숍에서 친구를 만납니다.
～に乗る	-를/을 타다	지하철을 탑니다.
～(目的)に行く	-(目的)를/을 가다	외국에 여행을 갑니다.

9-1 日付をハングルで書いてみましょう。

1. 2026年 _____
2. 1998年 _____
3. 7月13日 _____
4. 6月6日 _____
5. 12月31日 _____
6. 10月10日 _____

9-2 下線を埋めてみましょう。

1. A: 생일이 _____ 예요？ 誕生日はいつですか。

   B: _____ 이에요． 7月20日です。

2. A: 오늘이 _____ 이에요？ 今日は何月何日ですか。

   B: _____ 이에요． 1月12日です。

3. A: 어머니 생일이 _____ 예요？ お母さんの誕生日はいつですか。

   B: _____ 이에요． 11月23日です。

4. A: 크리스마스가 _____ 예요？ クリスマスはいつですか。

   B: _____ 이에요． 12月25日です。

9-3 正しい助詞に○をつけてみましょう。

1. 일요일에 커피숍에서 고등학교 친구 (를 / 에) 만납니다.

2. 어머니는 한국 영화 (를 / 가) 좋아합니다.

3. 서울역에서 지하철 (을 / 에) 탑니다.

4. 가을에 여행 (을 / 에) 갑니다.

5. 동생은 토마토 (를 / 가) 싫어합니다.

例のように文章を作ってみましょう。

例) 버스 バス/타다 乗る → 버스를 탑니다. バスに乗ります。

1. 여자 친구 彼女/만나다 会う _____

2. 등산 登山/가다 行く _____

3. 과일 果物/좋아하다 好きだ _____

4. 치킨 チキン/싫어하다 嫌いだ _____

5. 비행기 飛行機/타다 乗る _____

2 例のように質問に答えてみましょう。

例) A: 화이트데이가 몇 월 며칠이에요? ホワイトデーは何月何日ですか。
   B: 삼월 십사일이에요. 3月14日です。

1. A: 오늘이 몇 월 며칠이에요?
   B: _____

2. A: 발렌타인데이가 몇 월 며칠이에요?
   B: _____

3. A: 생일이 언제예요?
   B: _____

4. A: 친구 생일이 언제예요?
   B: _____

5. A: 어머니 생일이 언제예요?
   B: _____

한국 음식을 좋아해요?

🎧 67

수아 : 리쿠 씨, 한국 음식을 좋아해요?

리쿠 : 네, 아주 좋아해요.

수아 : 뭐가 제일 맛있어요?

리쿠 : 저는 불고기가 제일 맛있어요.

수아 : 그럼, 저하고 같이 한국 식당에서 먹어요.

리쿠 : 네, 좋아요.

スア： リクさん、韓国料理が好きですか。
リク： はい、とても好きです。
スア： 何が一番美味しいですか。
リク： 私はプルコギが一番美味しいです。
スア： では、私と一緒に韓国食堂で食べましょう。
リク： はい、いいですね。

単語と表現

- 한국 음식　韓国料理
- 아주　とても／非常に
- 맛있어요(?)　美味しいです(か)
- -하고　～と
- 좋아요　いいです／いいでしょう

- 좋아해요(?)　好きです(か)
- 제일　一番
- 불고기　プルコギ
- 먹어요　食べましょう／食べます

83

10-1 ✈ 해요체① :〜ます（か）／〜です（か）　うちとけた用言の丁寧形

● 「〜ます（か）／〜です（か）」にあたるうちとけた用言の丁寧形で、日常生活の場面で使われる表現です。用言の語幹末の母音が ①「ㅏ, ㅗ」の場合 +「아요」②「ㅏ, ㅗ以外」の場合 +「어요」を付けます。

● 語尾のイントネーションを上げれば疑問形になります。

해요체	① 用言の語幹末 ㅏ, ㅗ + **아요**
	② 用言の語幹末 ㅏ, ㅗ以外 + **어요**

基本形	語幹末＋아요/어요	丁寧形（해요体）
많다　多い	많＋아요	많아요
좋다　良い	좋＋아요	좋아요
받다　もらう	받＋아요	받아요
먹다　食べる	먹＋어요	먹어요
있다　ある/いる	있＋어요	있어요
입다　着る	입＋어요	입어요

● 하다用言の場合は語幹末に「여요」を付けて、「하＋여요」→「해요」になります。

해요체	하다用言の語幹末 + 여요 → **해요**

基本形	語幹末＋여요	丁寧形（해요体）
하다　する	하＋여요	해요
일하다　仕事する	일하＋여요	일해요
좋아하다　好きだ	좋아하＋여요	좋아해요
공부하다　勉強する	공부하＋여요	공부해요

練習問題

 10-1 次の用言は語幹末にパッチムがある場合です。
「해요体(-아요/어요)」を書いてみましょう。

		해요体	해요体の疑問形
1. 같다	同じだ	_____	_____
2. 길다	長い	_____	_____
3. 괜찮다	大丈夫だ	_____	_____
4. 맛없다	まずい	_____	_____
5. 앉다	座る	_____	_____
6. 멀다	遠い	_____	_____
7. 열다	開ける	_____	_____
8. 놓다	置く	_____	_____
9. 읽다	読む	_____	_____
10. 놀다	遊ぶ	_____	_____

第2部

第10課

10-2 次の用言はすべて「하다用言」です。「해요体(-하여요)」を用いるとき、最終的には「-해요」になることに注意して書いてみましょう。

		해요体	해요体の疑問形
1. 일하다	仕事する	_____	_____
2. 사랑하다	愛する	_____	_____
3. 잘하다	上手だ	_____	_____
4. 전화하다	電話する	_____	_____
5. 연락하다	連絡する	_____	_____

質問に、(　　) の中の単語を用いて答えてみましょう。

1. A: 아침에 뭐 먹어요? (빵/먹다)

   B: _____

2. A: 어디에서 아르바이트해요? (편의점/아르바이트하다)

   B: _____

3. A: 어머니는 지금 어디에 있어요? (회사/있다)

   B: _____

4. A: 친구하고 어디에서 놀아요? (고양이 카페/놀다)

   B: _____

5. A: 어디에서 쇼핑해요? (쇼핑몰/쇼핑하다)

   B: _____

 例のように質問に答えてみましょう。

例) A: 오늘 뭐 해요? 今日何しますか。(교실/한국어/공부하다)
    B: 교실에서 한국어를 공부해요. 教室で韓国語を勉強します。

1. A: 오늘 뭐 해요? (도서관/책/읽다)

   B: _____

2. A: 오늘 뭐 해요? (백화점/쇼핑하다)

   B: _____

3. A: 오늘 뭐 해요? (친구 집/놀다)

   B: _____

4. A: 지금 뭐 해요? (집/한국 요리/만들다)

   B: _____

5. A: 지금 뭐 해요? (은행/돈/찾다)

   B: _____

친구를 만나요.

리쿠 :   오늘 뭐 해요?

수아 :   인사동에서 친구를 만나요.

리쿠 :   친구하고 뭐 해요?

수아 :   영화관에서 영화를 봐요.

리쿠 :   영화를 좋아해요?

수아 :   네, 한국 영화는 진짜 재미있어요.

リク : 今日、何しますか。
スア : 仁寺洞で友だちに会います。
リク : 友だちと何しますか。
スア : 映画館で映画を見ます。
リク : 映画が好きですか。
スア : はい、韓国映画は本当に面白いです。

単語と表現

- **해요(?)**　　します(か)
- **만나요**　　会います
- **봐요**　　見ます
- **재미있어요**　　面白いです

- **인사동**　　仁寺洞（地名）
- **영화(관)**　　映画(館)
- **진짜**　　本当に

11-1　해요체② : ～ます（か）／～です（か）　うちとけた用言の丁寧形

● 語幹末にパッチムがない用言に「-아요/어요」が結合する時、脱落または縮約が起こります。脱落とは「아」と「어」が消えることをいい、縮約とは語幹末の母音と「아」と「어」が結合することをいいます。

● 「ㅏ＋아요」「ㅓ＋어요」は必ず脱落された形で使いますが、「ㅗ＋아요」は縮約されない形も使います。しかし、「오다　来る」だけは必ず縮約された形を使います。

보다 見る　→　보아요（○）봐요（○）

오다 来る　→　오아요（✕）와요（○）

①用言の語幹の最後の母音が「ㅏ , ㅗ」＋아요

脱落／縮約	基本形	語幹＋아요	丁寧形（해요体）
ㅏ＋아요 → ㅏ요	가다　行く	가＋아요	가요
ㅗ＋아요 → ㅗ아요/ㅘ요	보다　見る	보＋아요	보아요/봐요
ㅗ＋아요 → ㅘ요	오다　来る	오＋아요	와요

②用言の語幹の最後の母音が「ㅏ , ㅗ以外」＋어요

脱落／縮約	基本形	語幹＋어요	丁寧形（해요体）
ㅓ＋어요 → ㅓ요	서다　立つ	서＋어요	서요
ㅐ＋어요 → ㅐ요	보내다　送る	보내＋어요	보내요
ㅔ＋어요 → ㅔ요	세다　数える	세＋어요	세요
ㅕ＋어요 → ㅕ요	펴다　開く	펴＋어요	펴요
ㅜ＋어요 → ㅝ요	배우다　学ぶ	배우＋어요	배워요
ㅣ＋어요 → ㅕ요	마시다　飲む	마시＋어요	마셔요
ㅚ＋어요 → ㅙ요	되다　なる	되＋어요	돼요
ㅟ(ㅢ)＋어요 → 縮約しない	쉬다　休む	쉬＋어요	쉬어요

11-1 次の用言は語幹末にパッチムが無い場合です。
「해요体 (-아요/어요)」を書いてみましょう。

		해요体	해요体の疑問形
1.	가다 行く	_____	_____
2.	보다 見る	_____	_____
3.	오다 来る	_____	_____
4.	자다 寝る	_____	_____
5.	건너다 渡る	_____	_____
6.	끝내다 終える	_____	_____
7.	건네다 渡す	_____	_____
8.	켜다 点ける	_____	_____
9.	주다 あげる/くれる	_____	_____
10.	보이다 見える/見せる	_____	_____
11.	되다 なる	_____	_____
12.	쉬다 休む	_____	_____

11-2 下線を埋めてみましょう。

1. A: 어디에 _____? どこに行きますか。

   B: 병원에 _____

2. A: 집에서 _____? 家で休みますか。

   B: 아니요, 커피숍에서 _____

3. A: 대학교에서 무엇을 _____? 大学で何を学びますか。

   B: 한국어를 _____

まとめ練習問題

 質問に、(　　) の中の単語を用いて答えてみましょう。

1. A: 어디에 가요? (백화점/가다)

   B: _____

2. A: 누구를 만나요? (후배/만나다)

   B: _____

3. A: 뭐 봐요? (한국 뉴스/보다)

   B: _____

4. A: 뭐 마셔요? (커피/마시다)

   B: _____

5. A: 언제 와요? (내일/오다)

   B: _____

 例のように質問に答えてみましょう。

例) A: 오늘 뭐 해요? 今日何しますか。(친구/카페/가다)
　　 B: 친구하고 카페에 가요. 友だちとカフェに行きます。

1. A: 오늘 뭐 해요? (영화관/영화/보다)

   B: _____

2. A: 오늘 뭐 해요? (동생/생일 선물/사다)

   B: _____

3. A: 오늘 뭐 해요? (집/쉬다)

   B: _____

4. A: 지금 뭐 해요? (방/자다)

   B: _____

5. A: 지금 뭐 해요? (메일/보내다)

   B: _____

공항에는 안 가요.

 69

리쿠 : 이 버스 공항으로 가요?

운전 기사 : 공항에는 안 가요.

리쿠 : 어디까지 가요?

운전 기사 : 여기에서 여의도까지 가요.

여의도에는 공항버스가 있어요.

리쿠 : 네, 알겠습니다. 감사합니다.

リク： このバス、空港へ行きますか。
運転手：空港には行きません。
リク： どこまで行きますか。
運転手：ここからヨイドまで行きます。
　　　　ヨイドには空港バスがあります。
リク： はい、分かりました。ありがとうございます。

単語と表現

- **공항**　　　　空港
- **운전 기사**　　運転手
- **-까지**　　　　～まで
- **여의도**　　　　ヨイド（汝矣島：地名）
- **알겠습니다**　　分かりました

- **-(으)로**　　　～へ（方向）
- **안 가요**　　　行きません
- **-에서**　　　　～から（場所）
- **공항버스**　　　空港バス

12-1 안 : ～（く）ない

● 用言の前に「안」をつけると、否定の意味になります。ただ、「名詞＋하다」の場合には、「名詞＋안＋하다」のように、間に「안」を入れます。主に会話体で使われます。

用言の否定	① 안 ＋ 用言
	② 名詞 ＋ 안 ＋ 하다

基本形		否定形	否定形の해요体
가다	行く	안＋가다	안 가요
좋아하다	好きだ	안＋좋아하다	안 좋아해요
공부하다	勉強する	공부＋안＋하다	공부 안 해요

12-2 -(으)로 : ～へ（方向）

● 方向の「～へ」にあたる助詞です。

～へ	① パッチムなし／ㄹパッチム ＋ 로
	② パッチムあり ＋ 으로

어디로	どこへ	도쿄로	東京へ	서울로	ソウルへ
공항으로	空港へ	미국으로	アメリカへ	지하철역으로	地下鉄の駅へ

12-3 -에서 -까지 : ～から ～まで（場所）

● 出発点(場所)から終点までを表す「～から～まで」にあたる助詞です。

집에서 학교까지 통학버스가 있어요. 家から学校まで通学バスがあります。

서울에서 부산까지 멀어요? ソウルからプサンまで遠いですか。

練習問題

12-1 「안 ~(く)ない」を使って、「否定形」と「否定形の**해요体**」を書いてみましょう。

	否定形	否定形の해요体

1. 비싸다 (値段が)高い _____ _____

2. 울다 泣く _____ _____

3. 맞다 合う _____ _____

4. 짧다 短い _____ _____

5. 신다 履く _____ _____

6. 일하다 仕事する _____ _____

7. 식사하다 食事する _____ _____

8. 이사하다 引っ越す _____ _____

12-2 次の単語に助詞「-(으)로 ~へ」を入れてみましょう。

1. 오키나와_____ 沖縄へ   2. 한국_____ 韓国へ

3. 일본_____ 日本へ   4. 서울_____ ソウルへ

5. 여기_____ ここへ   6. 어디_____ どこへ

12-3 下線に助詞「-에서 -까지 ~から ~まで」を入れてみましょう。

1. 여기_____ 시장_____ ここから市場まで

2. 학교_____ 집_____ 学校から家まで

3. 한국_____ 일본_____ 韓国から日本まで

4. 거기_____ 지하철역_____ そこから地下鉄の駅まで

5. 도쿄_____ 오사카_____ 東京から大阪まで

第2部

第12課

まとめ練習問題

 例のように「안 ～(く)ない」を使って、否定形で答えてみましょう。

例) A: 오늘 학교에 가요? 今日学校に行きますか。
　　B: 아니요, 안 가요. いいえ、行きません。

1. A: 그 가방 비싸요? そのカバン高いですか。
　 B: _____

2. A: 집에서 한국 드라마를 봐요? 家で韓国ドラマを見ますか。
　 B: _____

3. A: 한국어 숙제는 많아요? 韓国語の宿題は多いですか。
　 B: _____

4. A: 커피를 좋아해요? コーヒーが好きですか。
　 B: _____

5. A: 오늘 오후에 청소해요? 今日午後に掃除しますか。
　 B: _____

 例のように質問に答えてみましょう。

例) A: 친구가 많아요? 友だちが多いですか。
　　B: 네, 많아요. はい、多いです。　아니요, 안 많아요. いいえ、多くないです。

1. A: 학교에서 역까지 멀어요? 学校から駅まで遠いですか。
　 B: _____

2. A: 주말에 아르바이트해요? 週末にアルバイトしますか。
　 B: _____

3. A: 오늘 날씨가 좋아요? 今日天気がいいですか。
　 B: _____

4. A: 친구하고 매일 라인해요? 友だちと毎日LINEしますか。
　 B: _____

일본보다 비싸지 않아요.

🎧 70

수아 : 오늘 BST콘서트에 가요.

리쿠 : 콘서트장까지 어떻게 가요?

수아 : 집에서 택시로 가요.

리쿠 : 택시 비싸지 않아요?

수아 : 일본보다 비싸지 않아요.

　　　하지만 예전보다 많이 비싸요.

スア： 今日BSTコンサートに行きます。
リク： コンサート会場までどうやって行きますか。
スア： 家からタクシーで行きます。
リク： タクシー高くありませんか。
スア： 日本より高くありません。
　　　だけど以前よりかなり高いです。

単語と表現

● 콘서트(장)	コンサート(会場)	● 어떻게	どうやって
● 택시	タクシー	● -로	～で（手段・方法）
● 비싸지 않아요(?)	高くありません(か)	● -보다	～より（比較）
● 하지만	だけど／でも／しかし	● 많이	たくさん／かなり
● 예전	以前		

学習内容

13-1	-지 않다	〜(く)ない
13-2	-(으)로	〜で（手段・方法）
13-3	-보다	〜より（比較）

13-1　-지 않다 : 〜(く)ない

● 用言の否定表現です。用言の語幹に「-지 않다」を付けて表します。「안＋用言」の否定表現よりかしこまった言い方です。

基本形	否定形	否定形の해요体
비싸다　（値段が）高い	비싸＋지 않다	비싸지 않아요
멀다　遠い	멀＋지 않다	멀지 않아요
싫어하다　嫌いだ	싫어하＋지 않다	싫어하지 않아요
출발하다　出発する	출발하＋지 않다	출발하지 않아요

13-2　-(으)로 : 〜で（手段・方法）

● 手段・方法の「〜で」にあたる助詞です。

〜で	① パッチムなし／ㄹパッチム ＋ **로**
	② パッチムあり ＋ **으로**

뭐로　何で　　　　비행기로　飛行機で　　　연필로　鉛筆で
숟가락으로　スプーンで　　신칸센으로　新幹線で　　볼펜으로　ボールペンで

13-3　-보다 : 〜より（比較）

● 比較の「〜より」にあたる助詞です。

지하철보다 버스가 싸요.　地下鉄よりバスが安いです。
영화보다 음악을 좋아해요.　映画より音楽が好きです。

13-1 「-지 않다 ～(く)ない」を使って、「**否定形**」と「**否定形の해요体**」を書いてみましょう。

		否定形	否定形の해요体
1.	다니다　通う	_____	_____
2.	낮다　低い	_____	_____
3.	작다　小さい	_____	_____
4.	벗다　脱ぐ	_____	_____
5.	버리다　捨てる	_____	_____
6.	조용하다　静かだ	_____	_____
7.	전화하다　電話する	_____	_____
8.	이사하다　引っ越す	_____	_____

13-2 次の単語に助詞「-(으)로 ～で」を入れてみましょう。

1. 자전거_____　自転車で　　　　2. 메일_____　メールで

3. 젓가락_____　箸で　　　　4. 택시_____　タクシーで

5. 볼펜_____　ボールペンで　　　　6. 한글_____　ハングルで

13-3 下線に助詞「-보다 ～より」を入れてみましょう。

1. 커피_____ 홍차를 좋아해요.　コーヒーより紅茶が好きです。

2. 버스_____ 지하철이 비싸지 않아요?　バスより地下鉄が高くありませんか。

3. 부산_____ 서울에 사람이 많아요.　釜山よりソウルに人が多いです。

まとめ練習問題

 例のように「-지 않다 ～(く)ない」を使って否定形で答えてみましょう。

例) A: 오늘 학교에 가요? 今日学校に行きますか。
 B: 아니요, 가지 않아요. いいえ、行きません。

1. A: 집에서 아침을 먹어요? 家で朝食を食べますか。
 B: _____

2. A: 교실에 학생이 많아요? 教室に学生が多いですか。
 B: _____

3. A: 지금 비가 와요? 今雨が降っていますか。
 B: _____

4. A: 가족과 같이 살아요? 家族と一緒に住んでいますか。
 B: _____

5. A: 역은 학교에서 멀어요? 駅は学校から遠いですか。
 B: _____

 例のように質問に答えてみましょう。

例) A: 학교까지 어떻게 가요? 学校までどうやって行きますか。
 B: 버스로 가요. バスで行きます。

1. A: 병원까지 어떻게 가요?
 B: _____

2. A: 도쿄까지 어떻게 가요?
 B: _____

3. A: 서울에서 부산까지 어떻게 가요?
 B: _____

4. A: 제주도까지 어떻게 가요?
 B: _____

第14課 어제 BST콘서트 재미있었어요?

🎧 71

리쿠 : 어제 BST콘서트 재미있었어요?

수아 : 네, 정말 행복했어요.

리쿠 : 누가 제일 멋있었어요?

수아 : 진우 씨예요.

리쿠 : 수아 씨, 진우 씨 팬이에요?

수아 : 네, 어제 진우 씨한테 편지하고 선물을
       건넸어요.

リク： 昨日BSTコンサート面白かったですか。
スア： はい、本当に幸せでした。
リク： 誰が一番素敵でしたか。
スア： ジヌさんです。
リク： スアさん、ジヌさんのファンですか。
スア： はい、昨日ジヌさんに手紙とプレゼントを
　　　渡しました。

単語と表現

- **어제**　　　　　昨日
- **행복했어요**　　幸せでした
- **멋있었어요 ?**　素敵でしたか
- **-한테**　　　　〜に（人・動物）
- **-하고**　　　　〜と

- **재미있었어요 ?**　面白かったですか
- **누가**　　　　　誰が
- **팬**　　　　　ファン
- **편지**　　　　手紙
- **건네다**　　　渡す

学習内容		
14-1	-았/었어요	～ました（か）／でした（か）　過去形（해요体）
14-2	-에게/한테	～に（人・動物）

14-1　-았/었어요：～ました（か）／でした（か）　過去形（해요体）

● 用言を過去形にする場合、語幹に「-았/었」を付けます。うちとけた丁寧形にする場合には語幹に「-았어요/었어요」を付けます。
● 用言の語幹末の母音が「ㅏ, ㅗ」の場合、語幹の後に「-았어요」、「ㅏ, ㅗ以外」の場合、「-었어요」を付けます。
● 語幹末にパッチムがない用言に「-았어요/었어요」が結合する場合、脱落または縮約が起こります。

過去形（해요体）	① 用言の語幹末ㅏ, ㅗ ＋ 았어요
	② 用言の語幹末ㅏ, ㅗ以外 ＋ 었어요

①用言の語幹末にパッチムあり

基本形	語幹末＋았어요/었어요	丁寧な過去形（해요体）
많다　多い	많＋았어요	많았어요
좋다　良い	좋＋았어요	좋았어요
먹다　食べる	먹＋었어요	먹었어요
있다　ある／いる	있＋었어요	있었어요

②用言の語幹末にパッチムなし（脱落や縮約）

脱落／縮約	基本形	語幹末＋았어요/었어요	丁寧な過去形（해요体）
ㅏ＋았어요 → 았어요	가다　行く	가＋았어요	갔어요
ㅗ＋았어요 → 왔어요	오다　来る	오＋았어요	왔어요
ㅓ＋었어요 → 었어요	서다　立つ	서＋었어요	섰어요
ㅐ＋었어요 → 냈어요	보내다　送る	보내＋었어요	보냈어요
ㅜ＋었어요 → 웠어요	배우다　学ぶ	배우＋었어요	배웠어요
ㅣ＋었어요 → 셨어요	마시다　飲む	마시＋었어요	마셨어요
ㅚ＋었어요 → 됐어요	되다　なる	되＋었어요	됐어요

③하다用言

하다用言の場合には、用言の語幹末に「였어요」を付け、縮約され「했어요」になります。

基本形		語幹末＋였어요	丁寧な過去形（해요体）
하다	する	하＋였어요	했어요
일하다	仕事する	일하＋였어요	일했어요
못하다	出来ない	못하＋였어요	못했어요
예약하다	予約する	예약하＋였어요	예약했어요

 14-2 －에게/한테 ：～に（人・動物）

● 「～(人・動物)に」にあたる助詞です。「－한테」は会話体でよく使われます。

친구에게 크리스마스 선물을 보냈어요. 友だちにクリスマスプレゼントを贈りました。

조카에게 용돈을 줬어요. 甥(姪)に小遣いをあげました。

유학생한테 일본어를 가르쳤어요. 留学生に日本語を教えました。

누구한테 전화했어요? 誰に電話しましたか。

メモ

練習問題

14-1 次の用言を「**過去形（해요体）**」で書いてみましょう。

		過去形（해요体）	過去の疑問形
1. 팔다	売る	_____	_____
2. 웃다	笑う	_____	_____
3. 빌리다	借りる	_____	_____
4. 도착하다	到着する	_____	_____
5. 끝나다	終わる	_____	_____
6. 바꾸다	換える	_____	_____
7. 지내다	過ごす	_____	_____
8. 힘들다	大変だ	_____	_____
9. 기다리다	待つ	_____	_____
10. 일어나다	起きる	_____	_____
11. 되다	なる	_____	_____
12. 닫다	閉める	_____	_____

14-2 下線を埋めてみましょう。

1. A: 누구_____ 연락했어요? 誰に連絡しましたか。

   B: 한국어 선생님_____ 연락했어요. 韓国語の先生に連絡しました。

2. A: 서울_____ 여행을 갔어요? ソウルに旅行に行きましたか。

   B: 아니요, 서울_____는 안 갔어요. いいえ、ソウルには行かなかったです。

3. A: 강아지_____ 밥을 줬어요? 子犬にご飯をあげましたか。

   B: 네, 조금 전_____ 줬어요. はい、少し前にあげました。

まとめ練習問題

 質問に、（　　）の中の単語を用いて答えてみましょう。

1. A: 주말에 뭐 했어요? (영화/보다)

   B: _____

2. A: 아침에 뭐 먹었어요? (샐러드/먹다)

   B: _____

3. A: 언제 일본에 왔어요? (작년/오다)

   B: _____

4. A: 생일 선물은 뭐 샀어요? (시계/사다)

   B: _____

5. A: 어머니에게 뭐 보냈어요? (과일/보내다)

   B: _____

 例のように質問に答えてみましょう。

例) A: 누구에게 메일을 보냈어요?　誰にメールを送りましたか。(영어 선생님)
　　B: 영어 선생님한테 메일을 보냈어요.　英語の先生にメールを送りました。

1. A: 누구에게 전화를 했어요? (여자 친구)

   B: _____

2. A: 누구에게 선물을 줬어요? (동생)

   B: _____

3. A: 누구에게 피아노를 가르쳤어요? (조카)

   B: _____

4. A: 누구에게 볼펜을 빌렸어요? (옆 사람)

   B: _____

5. A: 누구에게 연락했어요? (선배)

   B: _____

コラム5　公共交通

ソウルでの移動時に使用する公共交通としては地下鉄、バス、タクシーがあります。

地下鉄　1号線から9号線、ほかに、空港鉄道、京義・中央線、仁川1号線、京春線、盆唐線、新盆唐線、水仁線があります。

バス　運行する地域と距離によって、青、緑、黄、赤の4つの色と路線番号で路線を区別しています。

・幹線バス（青）－ソウル都心部とソウル郊外を結ぶ。

・支線バス（緑）－幹線バスの停留所や地下鉄駅との連結。バスや地下鉄との乗り換えが便利。

・マウルバス（緑）－支線バスの補助的な役割で近距離を結ぶ。

・循環バス（黄緑）－明洞、東大門、ソウル駅、景福宮などソウルの観光スポットを循環する。

・広域バス（赤）－ソウルと近郊都市を結ぶ急行バス

タクシー　身近な交通手段としてよく使われます。日本とは異なり、乗降時のドアの開閉は自動ではありません。

豆知識

① 交通カード（T-money）

日本のSuicaのような交通系ICカードをT-moneyといいます。T-moneyを使用すると、30分以内でのバスや地下鉄での乗り換えの基本料金が1日4回まで無料になります。バスは現金不可、T-moneyのみに限る地域も増えているため、韓国で移動する場合にはT-moneyを使用する方が便利です。コンビニや地下鉄駅で購入できます。カード型やストラップ型など種類はたくさんあります。

② 地下鉄とバスの利用の仕方

地下鉄は日本での利用の仕方とほぼ変わりません。バスの場合は運転席側で乗車時に端末機にT-moneyをかざし、下車時にも後ろの下車扉のあたりにある端末機にかざしてから降ります。

③ 優先席

地下鉄やバスには優先席が設けられています。妊婦優先席はピンク色になっています。

YouTube好きのリクと、スアが動画もつくってみたようです！冒頭『カチガヨ！ 韓国語』HPからチェックしてみて下さい！

리포트 제출 언제까지예요?

🎧72

수아 : 리포트 제출 언제까지예요?

리쿠 : 금요일 다섯 시까지예요.

수아 : 다 했어요?

리쿠 : 아뇨, 지금부터 시작해요.

수아 : 저도 세미나 발표 준비가 있어요.

리쿠 : 그럼, 도서관에서 같이 해요.

スア： レポートの提出いつまでですか。
リク： 金曜日の5時までです。
スア： 全部終わりましたか。
リク： いいえ、今から始めます。
スア： 私もセミナー発表の準備があります。
リク： では、図書館で一緒にやりましょう。

単語と表現

- **리포트**　レポート
- **금요일**　金曜日
- **다**　全部
- **시작해요**　始めます
- **발표**　発表

- **제출**　提出
- **다섯 시**　5時
- **지금부터**　今から
- **세미나**　セミナー
- **준비**　準備

15-1 　-시/분 ：〜時／分

● 「〜時」には固有数字、「〜分」には漢数字を使います。「半」は「반」といいます。

1時	2時	3時	4時	5時	6時
한 시	두 시	세 시	네 시	다섯 시	여섯 시
7時	8時	9時	10時	11時	12時
일곱 시	여덟 시	아홉 시	열 시	열한 시	열두 시

A: **지금 몇 시예요?**　今何時ですか。

B: **열 시 십 분이에요.**　10時10分です。

15-2 　-부터　-까지 ：〜から　〜まで（時間）

● 開始時点（時間）から終了時点までを表す「〜から〜まで」にあたる助詞です。場所の出発点を表す「〜から」は「-에서」を使います。

몇 시부터 몇 시까지 수업이 있어요?　何時から何時まで授業がありますか。

10시부터 3시까지 수업이 있어요.　10時から3時まで授業があります。

오늘부터 모레까지 한국으로 여행을 가요.　今日から明後日まで韓国へ旅行に行きます。

집에서 역까지 차로 10분 걸려요.　家から駅まで車で10分かかります。

15-3 　요일 ：曜日

月曜日	火曜日	水曜日	木曜日	金曜日	土曜日	日曜日
월요일	화요일	수요일	목요일	금요일	토요일	일요일

15-1 次の時刻の読みをハングルで書いてみましょう。

1. 6時20分 _____

2. 12時30分 _____

3. 9時45分 _____

4. 1時10分 _____

5. 3時53分 _____

15-2 「〜から〜まで」の表現を書いてみましょう。

1. 오늘_____ 내일_____ 시험이 있어요. 今日から明日まで試験があります。

2. 지금_____ 밤_____ 도서관에서 공부해요. 今から夜まで図書館で勉強します。

3. 여기_____ 지하철역_____ 안 멀어요? ここから地下鉄の駅まで遠くないですか。

4. 열두 시_____ 한 시_____ 점심 시간이에요. 12時から1時までお昼の時間です。

5. 집_____ 병원_____ 택시로 가요. 家から病院までタクシーで行きます。

15-3 表を埋めてみましょう。

月曜日	火曜日	水曜日	木曜日	金曜日	土曜日	日曜日
월요일						

まとめ練習問題

 例のように質問に答えてみましょう。

例) 　　A: 지금 몇 시예요? 今何時ですか。
　　　B: 한 시 이십 분이에요. 1時20分です。

1. 　A: 지금 몇 시예요?
　　　　　　　B: _____

2. 　A: 지금 몇 시예요?
　　　　　　　B: _____

3. 　A: 지금 몇 시예요?
　　　　　　　B: _____

4. 　A: 지금 몇 시예요?
　　　　　　　B: _____

 スケジュールを見て質問に答えてみましょう。

月	火	水	木	金	土	日
韓国語授業 1時〜2時30分		友だちと約束	図書館で勉強 9時〜5時	アルバイト	→	→

1. A: 한국어 수업은 몇 시부터 몇 시까지예요?
　　B: _____

2. A: 아르바이트는 언제부터 언제까지예요?
　　B: _____

3. A: 목요일에 도서관에서 몇 시부터 몇 시까지 공부해요?
　　B: _____

같이 점심 먹으러 갈까요?

🎧 73

리쿠 :   여보세요? 지금 뭐 해요?

수아 :   도서관에서 공부해요.

리쿠 :   그럼, 같이 점심 먹으러 갈까요?

수아 :   네, 그래요. 어디가 좋을까요?

리쿠 :   학교 앞 중국집은요?

수아 :   네, 좋아요. 어디서 만날까요?

第2部

第16課

リク： もしもし。今何していますか。
スア： 図書館で勉強しています。
リク： では、一緒にお昼食べに行きましょうか。
スア： はい、そうしましょう。どこがいいでしょうか。
リク： 学校の前の中華料理屋は？
スア： はい、いいですよ。どこで会いましょうか。

単語と表現

● 점심	昼食	● -(으)러	～(し)に
● 갈까요?	行きましょうか	● 여보세요?	もしもし
● 그래요	そうしましょう	● 좋을까요?	いいでしょうか
● 중국집	中華料理屋	● -는요/은요?	～は？
● 어디서	どこで	● 만날까요?	会いましょうか

16-1 ✈ -(으)러 ：〜(し)に

● 目的を表す「〜(し)に」にあたる表現です。用言の語幹末に、①パッチムがない場合 ＋「러」②パッチムがある場合 ＋「으러」③ㄹ用言（ㄹパッチムで終わる語幹末）＋「러」をつけます。

〜(し)に	① パッチムなしの語幹末 ＋ **러**
	② パッチムありの語幹末 ＋ **으러**
	③ ㄹ用言の語幹末 ＋ **러**

16-2 ✈ -(으)ㄹ까요？ ：〜(し)ましょうか／でしょうか

● 相手を誘う場合や意向を尋ねる時、推測を表す時に使います。
「〜(し)ましょうか」「〜でしょうか」にあたる表現です。

〜(し)ましょうか／でしょうか	① パッチムなしの語幹末 ＋ **ㄹ까요?**
	② パッチムありの語幹末 ＋ **을까요?**
	③ ㄹ用言の語幹末のㄹを取って ＋ **ㄹ까요?**

16-3 ✈ -는요/은요？ ：〜は？

● 「〜は？」にあたる表現で、述部を省略した形で会話文で使います。名詞に①パッチムがない場合 ＋「는요?」②パッチムがある場合 ＋「은요?」になります。

리쿠 씨는요? リクさんは？　　　　　　**표는요?** チケットは？

핸드폰은요? 携帯電話は？　　　　　　**여권은요?** パスポートは？

110

16-1 「-(으)러/-(으)ㄹ까요？ ～(し)に／～(し)ましょうか」を書いてみましょう。

基本形		-(으)러	-(으)ㄹ까요？
例) 하다	する	하러	할까요？
마시다	飲む		
먹다	食べる		
놀다	遊ぶ		
찾다	探す		
만들다	作る		
보다	見る		

16-2 例のように「-를・을/-(으)러/-(으)ㄹ까요？ ～を／～(し)に／～(し)ましょうか」を書いてみましょう。

例) 커피/마시다/가다 → 커피를 마시러 갈까요？ コーヒーを飲みに行きましょうか。

1. 돈/찾다/가다 → _____

2. 편지/부치다/가다 → _____

3. 책/읽다/가다 → _____

4. 요리/만들다/가다 → _____

5. 영화/보다/가다 → _____

16-3 次の名詞に「-는요/은요？ ～は？」を入れてみましょう。

1. 집_____ 家は？

2. 후배_____ 後輩は？

3. 숙제_____ 宿題は？

4. 요금_____ 料金は？

第2部

第16課

111

まとめ練習問題

 例のように2つの文を1つの文に書いてみましょう。

例) 점심을 먹다 昼食を食べる / 식당에 가다 食堂に行く
　　→ 점심을 먹으러 식당에 갈까요? 昼食を食べに食堂に行きましょうか。

1. 영화를 보다 映画を見る / 영화관에 가다 映画館に行く
　　→ _____

2. 노래를 부르다 歌を歌う / 노래방에 가다 カラオケに行く
　　→ _____

3. 친구하고 놀다 友だちと遊ぶ / 놀이공원에 가다 遊園地に行く
　　→ _____

4. 자료를 찾다 資料を探す / 도서관에 가다 図書館に行く
　　→ _____

5. 선물을 사다 プレゼントを買う / 백화점에 가다 デパートに行く
　　→ _____

2 例のように「推測」か「勧誘」かを書いてみましょう。

例) 내일 비가 올까요? 明日雨が降るでしょうか。　　(推測)
　　같이 연습할까요? 一緒に練習しましょうか。　　(勧誘)

1. 회사까지 택시를 탈까요?　　(　　　　)

2. 이 요리 맛있을까요?　　(　　　　)

3. 주말에 사람이 많을까요?　　(　　　　)

4. 우리 여기에 앉을까요?　　(　　　　)

제주도에서 뭘 하고 싶어요?

🎧 74

리쿠 :　수아 씨, 고향이 어디예요?

수아 :　아! 저요? 전 제주도예요.

리쿠 :　진짜요? 전 제주도에 한번 놀러

　　　　가고 싶어요.

수아 :　제주도에서 뭘 하고 싶어요?

리쿠 :　스쿠버 다이빙도 하고

　　　　한라산에 등산도 하고 싶어요.

수아 :　그럼, 방학 때 같이 갈까요?

リク：スアさん、故郷はどこですか。
スア：あ！私ですか？ 私は済州道です。
リク：本当ですか！ 私は済州道に一度遊びに
　　　行きたいです。
スア：済州道で何がしたいですか。
リク：スキューバダイビングもして、
　　　漢拏山に登山もしたいです。
スア：では、休みの時一緒に行きましょうか。

単語と表現

● 제주도	済州道（地名）		● 뭘	何を
● -고 싶어요(?)	〜したいです（か）		● 고향	故郷
● 전	私は		● 한번	一度
● 스쿠버 다이빙	スキューバダイビング		● 한라산	漢拏山（山の名前）
● 등산	登山		● 방학 때	休みの時

17-1 ✈ -고 : ～(し)て／くて／で(並列)

- 用言の語幹に「-고」をつけ、対等な事柄を並列に表現するときに使います。「～(し)て／くて／で」にあたる表現です。

신문도 읽고 텔레비전도 봐요. 　新聞も読んでテレビも見ます。

바람도 불고 비도 와요. 　風も吹いて雨も降ります。

저는 대학생이고 남동생은 고등학생이에요. 　私は大学生で弟は高校生です。

17-2 ✈ -고 싶다 : ～(し)たい

- 用言の語幹に「-고 싶다」をつけ、希望や願望を表現するときに使います。「～(し)たい」にあたる表現です。日本語の「～が ～(し)たい」は韓国語では「-를／을 -고 싶다」となります。

커피를 마시고 싶어요. 　コーヒーが飲みたいです。

한국말을 배우고 싶어요. 　韓国語が学びたいです。

주말에 뭘 하고 싶어요? 　週末に何がしたいですか。

제주도에 놀러 가고 싶어요. 　済州道に遊びに行きたいです。

17-3 ✈ 「名詞＋助詞」の縮約形

- 会話体では「名詞や疑問詞（母音で終わる） ＋ 助詞」の縮約形がよく使われます。

名詞／疑問詞	～は（-는）	～を（-를）
저　　私	전	절
나　　私／僕	난	날
누구　誰	누군	누굴

A: 유나 씬 겨울 방학 때 뭘 하고 싶어요? 　ユナさんは冬休みの時何がしたいですか。

B: 전 자동차 학원에 다니고 싶어요. 　私は自動車学校に通いたいです。

練習問題

17-1 2つの用言を、「-고 〜(し)て／くて／で」を使い書いてみましょう。

1. 싸다 安い／맛있다 美味しい　　→ _____

2. 청소하다 掃除する／빨래하다 洗濯する → _____

3. 예쁘다 綺麗だ／착하다 優しい　　→ _____

4. 쉽다 易しい／재미있다 面白い　　→ _____

5. 키가 크다 背が高い／멋있다 格好いい → _____

17-2 「-고 싶어요 〜(し)たいです」の表現にしてみましょう。

1. 주말에는 쉬다　週末には休む　　_____

2. 자동차 학원에 다니다　自動車学校に通う　_____

3. 닭갈비를 먹다　タッカルビを食べる　_____

4. 드라이브를 가다　ドライブに行く　_____

5. 연극을 보다　演劇を見る　_____

17-3 「名詞＋助詞」の縮約形にしてみましょう。

1. 너는 君は　_____

2. 뭐를 何を　_____

3. 여기는 ここは　_____

4. 친구를 友だちを　_____

5. 우리는 我々は　_____

第2部

第17課

115

まとめ練習問題

 例のように文章を作ってみましょう。

例) 한국어는 쉽다 韓国語は易しい / 재미있다 面白い
→ 한국어는 쉽고 재미있어요. 韓国語は易しくて面白いです。

1. 아버지는 한국 사람이다 父は韓国人だ / 어머니는 일본 사람이다 母は日本人だ

_____

2. 한국 음식을 먹다 韓国料理を食べる / 쇼핑도 하다 買い物もする

_____

3. 양이 적다 量が少ない / 값도 비싸다 値段も高い

_____

4. 음악을 듣다 音楽を聞く / 드라마도 보다 ドラマも見る

_____

5. 오늘은 약속이 있다 今日は約束がある / 내일은 아르바이트가 있다 明日はアルバイトがある

_____

 例のように質問に答えてみましょう。

例) A: 제주도에서 뭘 하고 싶어요? 済州道で何がしたいですか。
B: 스쿠버 다이빙을 하고 싶어요. スキューバダイビングがしたいです。

1. A: 주말에 뭘 하고 싶어요?
   B: _____

2. A: 여름 방학 때 어딜 가고 싶어요?
   B: _____

3. A: 누굴 만나고 싶어요?
   B: _____

4. A: 저녁에 뭘 먹고 싶어요?
   B: _____

무슨 요리를 좋아하세요?

수아 : 리쿠 씨, 어머니는 언제까지 한국에 계세요?

리쿠 : 다음 주 월요일에 일본으로 가세요.

수아 : 그럼, 내일 어머니를 우리 집에 초대하고 싶어요.

리쿠 : 진짜요! 감사합니다.

수아 : 어머니는 무슨 요리를 좋아하세요?

리쿠 : 한국 음식은 다 잘 드세요.

第2部

第18課

スア： リクさん、お母さんはいつまで韓国にいらっしゃいますか。
リク： 来週の月曜日に日本に帰ります。
スア： では、明日お母さんを私の家に招待したいです。
リク： 本当ですか！ ありがとうございます。
スア： お母さんはどんな料理がお好きですか。
リク： 韓国料理はすべてよく召し上がります。

単語と表現

● 무슨	どんな〜／何の〜	● 요리	料理
● 좋아하세요(?)	お好きですか(?)	● 계세요(?)	いらっしゃいます(か)
● 다음 주	来週	● 가세요	帰ります(行かれます)
● 초대하다	招待する	● 다	すべて
● 드세요	召し上がります		

18-1　-(으)시다 ：～(ら)れる／お～になる

● 尊敬形は、用言の語幹に ①パッチムがない場合 ＋「시다」②パッチムがある場合 ＋「으시다」③ㄹ用言には「ㄹ」を取ってから ＋「시다」を付けます。「해요体」は「-(으)세요」です。

～(ら)れる／ お～になる	① パッチムなしの語幹末 ＋ **시다**
	② パッチムありの語幹末 ＋ **으시다**
	③ ㄹ用言の語幹末のㄹを取って ＋ **시다**

基本形	尊敬形	해요体
가다 行く	**가시다**	**가세요**
이다 ～だ	**이시다**	**이세요**
읽다 読む	**읽으시다**	**읽으세요**
살다 住む	**사시다**	**사세요**

A: **어디 가세요?** 　どこに行かれますか。

B: **우체국에 편지를 부치러 가요.** 　郵便局に手紙を出しに行きます。

A: **선생님 다음 주에 시간 있으세요?** 　先生、来週お時間ございますか。

B: **네, 있어요.** 　はい、あります。

A: **혼자 사세요?** 　一人でお住まいですか。

B: **아니요, 가족하고 같이 살아요.** 　いいえ、家族と一緒に住んでいます。

A: **누구(이)세요?** 　どちら様ですか。

B: **우리 한국어 선생님이세요.** 　私の韓国語の先生でいらっしゃいます。

18-2 特殊な尊敬語

● 日本語と同様に特殊な尊敬語があります。

基本形		尊敬形	해요体
먹다/마시다	食べる／飲む	드시다	드세요
있다	居る	계시다	계세요
자다	寝る	주무시다	주무세요
말하다	言う	말씀하시다	말씀하세요

아침에 홍차 드세요？　朝に紅茶お飲みになりますか。

부모님은 일본에 계세요.　両親は日本にいらっしゃいます。

할아버지는 지금 방에서 주무세요.　祖父は今部屋でお休みになっています。

18-3 무슨 ：どんな〜／何の〜

● 「どんな〜／何の〜」にあたる疑問詞です。後ろに名詞を付けて尋ねるときに使います。

A: 무슨 요일이에요？　何曜日ですか。

B: 수요일이에요.　水曜日です。

A: 무슨 요리를 좋아하세요？　どんな料理がお好きですか。

B: 일본 음식은 다 좋아해요.　日本料理は全部好きです。

A: 무슨 책을 읽으세요？　どんな本をお読みですか。

B: 요즘은 소설을 읽어요.　最近は小説を読みます。

メモ

練習問題

18-1 「尊敬形」と「尊敬形の해요体」を書いてみましょう。

基本形		尊敬形	해요体
例) 가다		가시다	가세요
하다	する		
예쁘다	綺麗だ		
어울리다	似合う		
받다	もらう		
좋다	良い		
만들다	作る		
알다	知る／分かる		

18-2 特殊な尊敬語です。表を埋めてみましょう。

基本形		尊敬形	해요体
있다	居る		
먹다/마시다	食べる／飲む		
자다	寝る		
말하다	言う		

18-3 下線を埋めてみましょう。

1. _____ 요일이에요 ?

2. _____ 책을 읽으세요 ?

3. _____ 요리를 좋아하세요 ?

4. _____ 영화를 보세요 ?

まとめ練習問題 🚌

1 例のように、下線部を**尊敬語**で書いてみましょう。

例) 어디 <u>있어요</u>? どこにいますか。 → 어디 계세요? どこにいらっしゃいますか。

1. 어디 <u>살아요</u>? _____

2. 선생님이 리쿠 씨를 <u>찾아요</u>. _____

3. 무슨 음악을 <u>좋아해요</u>? _____

4. 아버지는 무슨 일을 <u>해요</u>? _____

5. 몇 시에 <u>자요</u>? _____

2 例のように質問に**尊敬語**を使い、会話文を作ってみましょう。

例) 병원에 가다
  A: 병원에 가세요? 病院に行かれますか。 B: 네, 병원에 가요. はい、病院に行きます。

1. 지금 학교에 있다
   A: _____ ? B: 네, _____

2. 아침에 빵을 먹다
   A: _____ ? B: 아뇨, _____

3. 한국에서 친구를 만나다
   A: _____ ? B: 네, _____

4. 혼자 살다
   A: _____ ? B: 네, _____

5. 내일 오후에 시간 있다
   A: _____ ? B: 아뇨, _____

第2部

第18課

コラム6　韓国の名所

❶ ソウル	❻ 雪嶽山	⓫ 大田	⓰ 慶州	㉑ 釜山
❷ 仁川	❼ 江陵	⓬ 聞慶	⓱ 智異山	㉒ 麗水
❸ 水原	❽ 平昌	⓭ 安東	⓲ 光州	㉓ 済州道
❹ 龍仁	❾ 扶余	⓮ 全州	⓳ 木浦	㉔ 漢拏山
❺ 春川	❿ 公州	⓯ 大邱	⓴ 珍島	㉕ 鬱陵島

122

김치 안 매워요?

🎧 76

수아 : 많이 드세요.

리쿠 : 진짜 맛있겠어요.

　　　 수아 씨가 다 만들었어요?

수아 : 아뇨, 김치는 어머니가 만들었어요.

　　　 어때요? 김치 안 매워요?

리쿠 : 조금 매워요. 하지만 맛있어요.

スア：たくさん召し上がってください。
リク：本当に美味しそうです。
　　　スアさんが全部作りましたか。
スア：いいえ、キムチは母が作りました。
　　　どうですか。キムチ辛くないですか。
リク：少し辛いです。だけど美味しいです。

単語と表現

- **매워요(?)** 辛いです(か)
- **드세요** 召し上がってください
- **다** 全部
- **조금** 少し

- **많이** たくさん
- **맛있겠어요** 美味しそうです
- **어때요?** どうですか
- **하지만** だけど

19-1 ✈ -(으)세요 ： 〜(し)てください

● 軽い命令のときに使います。「〜(し)てください」にあたる表現です。用言の語幹末に ①パッチムがない場合 ＋「세요」②パッチムがある場合 ＋「으세요」③ㄹ動詞には「ㄹ」を取ってから ＋「세요」を付けます。

	① パッチムなしの語幹末 ＋ **세요**
〜(し)てください	② パッチムありの語幹末 ＋ **으세요**
	③ ㄹ動詞の語幹末のㄹを取って ＋ **세요**

여기에서 잠깐만 기다리세요. ここでちょっとだけ待ってください。

천천히 읽으세요. ゆっくり読んでください。

커피에 설탕을 더 넣으세요. コーヒーに砂糖をもっと入れてください。

창문을 여세요. 窓を開けてください。

19-2 ✈ -겠 ： 意志／推測

● 用言の語幹に「-겠」をつけ、話し手の意志（〜するつもりです）・推測（〜でしょう）を表すときに使います。

［意志］

수업을 시작하겠어요. 授業を始めます。

뭐 드시겠어요? 何を召し上がりますか。

저는 갈비탕을 먹겠어요. 私はカルビタンを食べます。

［推測］

이 김치 맛있겠어요. このキムチ美味しそうです。

입학 선물은 지갑보다 가방이 좋겠어요. 入学のプレゼントは財布よりカバンが良さそうです。

곧 비가 내리겠어요. すぐに雨が降りそうです。

19-3 　ㅂ不規則用言

● 語幹がパッチム「ㅂ」で終わる用言は、語幹の後ろに「아/어」「으」語尾が続くと不規則な活用をします。

● 「입다 着る」「잡다 つかむ」「씹다 噛む」は規則活用の用言ですので注意しましょう。

① ㅂ不規則用言＋「아/어語尾」が続くと、「ㅂ＋아/어」が「워」になります。

　　춥다　寒い　⇒　춥+어요　⇒　추워요　寒いです

② ㅂ不規則用言＋「으語尾」が続くと、「ㅂ＋으」が「우」になります。

　　덥다　暑い　⇒　덥+으세요　⇒　더우세요?　お暑いですか

③ ただし、「돕다 手伝う　곱다 きれいだ」は「ㅂ＋아/어」が「와」になるので、注意しましょう。

　　돕다　手伝う　⇒　돕+아요　⇒　도와요　手伝います

基本形		−ㅂ니다/습니다（합니다体）	−아요/어요（해요体）	−(으)세요
고맙다	ありがたい	고맙습니다	고마워요	고마우세요
아름답다	美しい	아름답습니다	아름다워요	아름다우세요
가깝다	近い	가깝습니다	가까워요	가까우세요
쉽다	易しい	쉽습니다	쉬워요	쉬우세요
곱다	きれいだ	곱습니다	고와요	고우세요

　メ　モ

125

19-1 「-(으)세요 ～(し)てください」を使い、表を埋めてみましょう。

基本形		-(으)세요
앉다	座る	
예약하다	予約する	
만들다	作る	
펴다	開く／広げる	
닫다	閉める	
열다	開ける	

19-2 以下の文章が「意志」か「推測」かを書いてみましょう。

1. 내일은 비가 오겠어요.　　　　　　（　　　　　）
2. 저녁은 뭐로 하시겠어요?　　　　　（　　　　　）
3. 지금부터 한국어 수업을 시작하겠어요.　（　　　　　）
4. 오늘 아홉 시까지 학교에 가겠어요.　（　　　　　）
5. 버스보다 지하철이 좋겠어요.　　　（　　　　　）

19-3 ㅂ不規則用言に気をつけて、表を埋めてみましょう。

基本形		-아요/어요	-(으)세요
덥다	暑い		
어렵다	難しい		
가볍다	軽い		
무겁다	重い		
맵다	辛い		
입다	着る		

まとめ練習問題

 例のように「-(으)세요 ～(し)てください」を使い、会話文を作ってみましょう。

例) A: 내일 시험이 있어요. 明日試験があります。(열심히 공부하다)
   B: 그럼, 열심히 공부하세요. では、一生懸命に勉強してください。

1. A: 연필이 없어요. (볼펜으로 쓰다)
   B: 그럼, _____

2. A: 약속 시간에 늦겠어요. (택시로 가다)
   B: 그럼, _____

3. A: 밖이 많이 추워요. (코트를 입다)
   B: 그럼, _____

4. A: 교실이 더워요. (창문을 열다)
   B: 그럼, _____

5. A: 떡볶이가 진짜 매워요. (우유를 마시다)
   B: 그럼, _____

 例のように書いてみましょう。

例) A: 공원에 사람이 많아요? 公園に人が多いですか。
   B: 아니요, 안 많아요. 적어요. いいえ、多くありません。少ないです。

1. A: 한국어는 어려워요?
   B: _____

2. A: 오늘은 추워요?
   B: _____

3. A: 여행 가방은 무거워요?
   B: _____

4. A: 시장은 가까워요?
   B: _____

김치 キムチ

キムチは、韓国の最も代表的な食べ物の1つであり、食事の際になくてはならないおかずです。キムチは一般的に「野菜の漬物」といわれますが、韓国のキムチは、新鮮な野菜に香辛料と多様な魚介類などを加え、発酵させた韓国特有の野菜保存食です。

キムチの語源は、「野菜を塩水に漬ける」という意味の「沈菜（チムチェ／침채）」であり、この「沈菜」の歴史は、5〜6世紀頃の三国時代にはすでに始まっていたとされています。その後、キムチは時代の変化に合わせて多様な種類の調味料・香辛料を多彩な食材に加えて、発酵させるなど、独自的なスタイルで分化が繰り広げられます。日頃、皆さんがよく目にする唐辛子をたっぷり使った赤色のキムチは、朝鮮時代中期の18世紀に誕生し、今日に至っています。

まず、「キムチ」は、季節ごとに各地域で生産される様々な野菜に調味料を加えて漬けるもので、新鮮な野菜を使ってその季節の味覚を楽しむ意味のキムチで「一般キムチ 일반김치」ともいいます。

このキムチ作りの総合的な過程を具現化した1つの文化に「キムジャン 김장」があり、これは2013年にユネスコ人類無形文化遺産に登録されました。「キムジャン 김장」文化は、朝鮮半島の場合、南北で気温差があり、冬の寒さはとても厳しく、野菜の生産や入手が困難となることに合わせて、各家庭が越冬用のキムチを大量に漬けて保存することに由来します。キムチの保存方法は、昔は土中に埋めた甕（かめ）に入れていましたが、現代は各家庭のキムチ専用の冷蔵庫に保存することが一般的になっています。特に11月〜12月中は、天気予報の際にキムチ漬けの最適な時期を知らせる「キムジャン前線 김장전선」が発表されるほど、韓国社会では冬の一大行事と化し、家族・親戚などが集まってキムチ漬けの共同作業を行います。

キムチ保存用のかめ（昔）

キムチ冷蔵庫（現代）

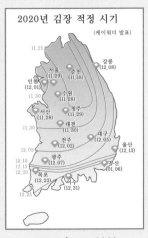

キムジャン前線

여기에 이름을 써 주세요.

🎧77

리쿠 : 이 잡지 빌려주세요.

직원 : 네, 여기에 이름을 써 주세요.

리쿠 : 영어로 써요? 한글로 써요?

직원 : 한글을 쓸 수 있어요?

리쿠 : 네, 쓸 수 있어요.

직원 : 그럼, 한글로 써 주세요.

リク： この雑誌貸してください。
職員： はい、ここに名前を書いてください。
リク： 英語で書きますか。ハングルで書きますか。
職員： ハングルが書けますか。
リク： はい、書けます。
職員： では、ハングルで書いてください。

単語と表現

- **써 주세요**   書いてください
- **빌려주세요**   貸してください
- **써요(?)**   書きます（か）
- **직원**   職員

- **잡지**   雑誌
- **영어**   英語
- **쓸 수 있어요(?)**   書けます（か）

学習内容

20-1	으不規則用言	
20-2	-아/어 주세요	～(し)てください
20-3	-(으)ㄹ 수 있다/없다	～することができる／できない

20-1 　으不規則用言

● 語幹末が母音「ㅡ」で終わる用言は、語幹の後ろに「아/어」語尾が続くと不規則な活用をします。

① 으不規則用言＋「아/어」語尾が続くと、「ㅡ」母音が脱落し、「ㅡ」前の母音が「ㅏ/ㅗ」の場合には「아요」、その他の母音の場合には「어요」をつけます。

바쁘다　忙しい　⇒　바쁘＋아요　⇒　바빠요　忙しいです

예쁘다　綺麗だ　⇒　예쁘＋어요　⇒　예뻐요　綺麗です

② 語幹が1文字の場合には「어요」をつけます。

쓰다　書く　⇒　쓰＋어요　⇒　써요　書きます

基本形		-ㅂ니다/습니다 （합니다体）	-아요/어요 （해요体）	-(으)세요
아프다	痛い	아픕니다	아파요	아프세요
나쁘다	悪い	나쁩니다	나빠요	나쁘세요
고프다	空腹だ	고픕니다	고파요	고프세요
모으다	集める	모읍니다	모아요	모으세요
기쁘다	嬉しい	기쁩니다	기뻐요	기쁘세요
슬프다	悲しい	슬픕니다	슬퍼요	슬프세요
크다	大きい	큽니다	커요	크세요
뜨다	（目を）開ける	뜹니다	떠요	뜨세요
끄다	消す	끕니다	꺼요	끄세요

130

20-2 ✈ -아/어 주세요 ：～(し)てください

● 相手に丁寧に依頼をするときに使います。「～(し)てください」にあたる表現です。動詞の語幹末の母音が ①「ㅏ, ㅗ」の場合 ＋「아 주세요」②「ㅏ, ㅗ以外」の場合 ＋「어 주세요」③ 하다用言の場合 ＋「해 주세요」を付けます。

～(し)てください	① 動詞の語幹末ㅏ、ㅗ ＋ **아 주세요**
	② 動詞の語幹末ㅏ、ㅗ以外 ＋ **어 주세요**
	③ 하다用言 **해 주세요**

문을 닫아 주세요. ドアを閉めてください。

45 페이지를 읽어 주세요. 45ページを読んでください。

천천히 말해 주세요. ゆっくり話してください。

지하철역 근처에 세워 주세요. 地下鉄の駅の近くに停めてください。

여기에 주소를 써 주세요. ここに住所を書いてください。

20-3 ✈ -(으)ㄹ 수 있다/없다 ：～することができる／できない

● 可能／不可能を表すときに使います。「～することができる／できない」にあたる表現です。用言の語幹末に ①パッチムがない場合 ＋「ㄹ 수 있다/없다」②パッチムがある場合 ＋「을 수 있다/없다」③ㄹ動詞には「ㄹ」を取ってから ＋「ㄹ 수 있다/없다」を付けます。

～することができる／できない	① パッチムなしの語幹末 ＋ **ㄹ 수 있다/없다**
	② パッチムありの語幹末 ＋ **을 수 있다/없다**
	③ ㄹ動詞の語幹末のㄹを取って ＋ **ㄹ 수 있다/없다**

한국말을 할 수 있어요/없어요. 韓国語ができます。／できません。

도서관에서 잡지를 읽을 수 있어요/없어요. 図書館で雑誌を読むことができます。／できません。

외국에서 혼자 살 수 있어요/없어요. 外国で一人で住むことができます。／できません。

第2部

第**20**課

20-1 으不規則用言に気をつけて、表を埋めてみましょう。

基本形		-아요/어요	-(으)세요
아프다	痛い		
기쁘다	嬉しい		
고프다	空腹だ		
슬프다	悲しい		
바쁘다	忙しい		
쓰다	書く／使う／苦い		
크다	大きい		
뜨다	(目を) 開ける		

20-2 「用言の語幹＋－아/어 주세요 ～(し)てください」 の表現にしてみましょう。

1. 창문을 열다　窓を開ける　_____

2. 쓰레기를 버리다　ゴミを捨てる　_____

3. 다시 한번 말하다　もう一度言う　_____

4. 불을 켜다　電気を点ける　_____

5. 짐을 들다　荷物を持つ　_____

20-3 「用言の語幹＋－(으)ㄹ 수 있어요/없어요 ～することができます／できません」 の表現にしてみましょう。

1. 노트북을 빌리다　ノートパソコンを借りる　_____

2. 전화를 받다　電話をもらう(電話に出る)　_____

3. 혼자 살다　一人で暮らす　_____

4. 한글을 쓰다　ハングルを書く　_____

5. 사진을 찍다　写真を撮る　_____

まとめ練習問題

① 例のように「-아/어 주세요 ～(し)てください」の表現にしてみましょう。

例) 시간이 없어요. 빨리 계산해 주세요. （計算하다） 時間がありません。早く計算してください。

1. 방이 추워요. 문 좀 _____ （닫다）

2. 옷이 좀 커요. 옷 사이즈를 _____ （바꾸다）

3. 여기에 이름이 없어요. 이름을 _____ （쓰다）

4. 오늘 교과서가 없어요. 교과서 좀 _____ （보이다）

5. 제 핸드폰이 안 보여요. 핸드폰 좀 _____ （찾다）

② 例のように質問に自由に答えてみましょう。

例) A: 한글을 쓸 수 있어요? ハングルが書けますか。
　　B: 네, 쓸 수 있어요. / 아뇨, 쓸 수 없어요. はい、書けます。／いいえ、書けません。

1. A: 운전할 수 있어요?
　 B: _____

2. A: 술을 마실 수 있어요?
　 B: _____

3. A: 피아노를 칠 수 있어요?
　 B: _____

4. A: 외국에서 혼자 살 수 있어요?
　 B: _____

5. A: 기모노를 입을 수 있어요?
　 B: _____

第2部

第20課

済州道は韓国の南にある島で、日本でいう沖縄のような存在です。島の神話には、日本からお嫁に来た女性が島の祖先という話もあり、古くから日本とも縁があります。昔から石・風・女が多い『三多島』（石の多い火山島、年中吹く島の風、海や畑で働く女性が多い）と呼ばれ、韓国の本土とは歴史や文化風習が異なるエキゾチックな雰囲気があります。

　ちょうど富士山を平たくしたような、おまんじゅう形の島には、韓国最高峰の山、どこまでも広がる草原と牧場、豊富な湧き水と多くの滝があり、ユネスコ世界自然遺産にも登録され、世界中から多くの観光客が訪れています。

　温暖な気候を利用したミカン栽培、ウニ、あわび、魚などの料理が有名です。

　アジア最大の水族館、ゴルフ場、乗馬体験、各種マリンスポーツ、韓流映画・ドラマのロケ地めぐりなど、見どころはいっぱいです。

①済州国際空港　③郭支海水浴場　⑤山房山　⑥中文セクダル海水浴場　⑦柱状節理　②梨湖テウ海水浴場の屋台　⑧天地淵瀑布　④挟才海水浴場　⑨正房瀑布　⑩セソカク渓谷　⑪済州民俗村　⑫城山日出峰　⑬万丈窟　⑭咸徳海水浴場　⑮東門市場　⑯漢拏山の噴火ロ－白鹿譚

YouTube好きのリクと、スアが動画もつくってみたようです！
冒頭『カチガヨ！　韓国語』HPからチェックしてみて下さい！

늘어서 미안해요.

리쿠 : 늦어서 미안해요.

　　　많이 기다렸지요?

수아 : 아니요, 저도 조금 전에 왔어요.

리쿠 : 오늘은 특히 길이 많이 막히네요.

수아 : 마라톤 대회가 있어서 그렇네요.

리쿠 : 아! 참! 뉴스에서 봤어요.

> リク：遅くなってすみません。
> 　　　かなり待ったでしょう？
> スア：いいえ、私も少し前に来ました。
> リク：今日は特に道がかなり混んでいますね。
> スア：マラソン大会があって、そうですね。
> リク：あ！そうだ！ニュースで見ました。

単語と表現

- 늦어서　　　遅くなって
- 기다렸지요?　待ったでしょう？
- 특히　　　特に
- 마라톤 대회　マラソン大会
- 뉴스　　　ニュース

- 미안해요　　すみません
- 조금 전에　　少し前に
- 길이 막히다　道が混む
- 그렇네요　　そうですね

21-1 　-아서/어서 ：～(し)て（理由）

● 理由や原因を表現する場合に使います。「～(し)て／くて／で」にあたる表現です。用言の語幹末の母音が ①「ㅏ, ㅗ」の場合 ＋ 「아서」②「ㅏ, ㅗ以外」の場合 ＋ 「어서」③하다用言の場合＋「해서」を付けます。

～(し)て	① 用言の語幹末ㅏ, ㅗ ＋ **아서**
	② 用言の語幹末ㅏ, ㅗ 以外 ＋ **어서**
	③ 하다用言 **해서**

졸업 선물을 받아서 너무 기뻐요.　卒業のプレゼントをもらってとても嬉しいです。

내일 발표가 있어서 지금은 시간이 없어요.　明日発表があって、今は時間がありません。

케이팝을 좋아해서 한국에 유학을 왔어요.　K-POPが好きで韓国に留学に来ました。

21-2 　-지요/죠? ：～でしょう？

● 話し手がすでに知っている事柄を相手に確認する意味合いの場合に使います。「～でしょう？」にあたる表現です。用言の語幹や語尾の「-겠/(으)시/었」に「-지요」を付けます。会話では縮約形の「-죠」をよく使います。

이번 주에 마라톤 대회가 있지요?　今週マラソン大会があるでしょう？

한국이 일본보다 춥죠?　韓国が日本より寒いでしょう？

21-3 　-네요 ：～ですね

● 話し手の考えや感じ方を感情を込めて表現する場合に使います。「～ですね」にあたる表現です。用言の語幹や語尾の「-겠/(으)시/었」に「-네요」を付けます。

마라톤 대회가 있어서 길이 막히네요.　マラソン大会があって、道が混んでいますね。

아이가 정말 귀엽네요.　子どもが本当に可愛いですね。

🚗 　　練習問題　　🚗

21-1 「-아서/어서 ～(し)て」を使い、表を埋めてみましょう。

基本形		-아서/어서
신발이 작다	くつが小さい	
일이 힘들다	仕事が大変だ	
잠이 오다	眠たい	
날씨가 따뜻하다	天気が暖かい	
짐이 무겁다	荷物が重い	
열이 나다	熱が出る	

21-2 下線部を「-지요？ ～でしょう？」の表現にしてみましょう。

1. 한국어가 재미있다　　　＿＿＿＿＿＿＿＿＿＿＿＿＿

2. 요즘 바쁘시다　　　　　＿＿＿＿＿＿＿＿＿＿＿＿＿

3. 나고야는 데바사키가 유명하다　＿＿＿＿＿＿＿＿＿＿＿

4. 많이 기다렸다　　　　　＿＿＿＿＿＿＿＿＿＿＿＿＿

5. 숙제가 많아서 힘들었다　＿＿＿＿＿＿＿＿＿＿＿＿＿

21-3 下線部を「-네요 ～ですね」の表現にしてみましょう。

1. 생각보다 어렵다　　　　＿＿＿＿＿＿＿＿＿＿＿＿＿

2. 한국말을 잘하다　　　　＿＿＿＿＿＿＿＿＿＿＿＿＿

3. 모자가 잘 어울리다　　　＿＿＿＿＿＿＿＿＿＿＿＿＿

4. 키가 크다　　　　　　　＿＿＿＿＿＿＿＿＿＿＿＿＿

5. 영화가 슬프다　　　　　＿＿＿＿＿＿＿＿＿＿＿＿＿

137

まとめ練習問題

 例のように文章を作ってみましょう。

例) 마라톤 대회가 있다 マラソン大会がある／길이 막히다 道が混む
  → 마라톤 대회가 있어서 길이 막혀요. マラソン大会があって、道が混みます。

1. 말을 많이 하다 話をたくさんする／목이 아프다 喉が痛い
_____

2. 약속 시간에 늦다 約束時間に遅れる／죄송하다 申し訳ない
_____

3. 날씨가 좋다 天気がいい／빨래하다 洗濯する
_____

4. 피곤하다 疲れる／집에서 쉬고 싶다 家で休みたい
_____

5. 편의점이 가깝다 コンビニが近い／편리하다 便利だ
_____

 例のように、下線部を「-아서／어서 ～(し)て」または「-고 ～(し)て／くて／で」を使い、文を書いてみましょう。

例) 여름은 덥다 싫어요. → 여름은 더워서 싫어요. 夏は暑くて嫌です。

1. 여름은 덥다 겨울은 추워요.　　　_____

2. 배가 아프다 병원에 갔어요.　　　_____

3. 영화가 슬프다 눈물이 나요.　　　_____

4. 남자 친구는 키가 크다 성격도 좋아요.　_____

5. 백화점에서 세일을 하다 옷을 샀어요.　_____

第22課

휴대폰으로 시키면 금방 와요.

🎧79

수아 :　우리 치킨하고 떡볶이 시켜서 먹을까요?

리쿠 :　여기 한강에서요?

수아 :　네, 휴대폰으로 시키면 금방 와요.

──────────🕐──────────

배달원 :　손님, 치킨하고 떡볶이 배달 왔습니다.

수아 :　네, 여기요.

리쿠 :　와! 빠르네요.

　　　정말 일본하고 달라요.

スア：　私たちチキンとトッポキ注文して食べましょうか。
リク：　ここ漢江でですか。
スア：　はい、携帯電話で注文するとすぐ来ます。
配達員：お客様、チキンとトッポキ配達に来ました。
スア：　はい、ここです。
リク：　わ！早いですね。
　　　　本当に日本と違いますね。

第2部

第22課

■ 単語と表現

- **휴대폰**　携帯電話
- **금방**　すぐ
- **떡볶이**　トッポキ
- **배달원**　配達員
- **배달**　配達
- **빠르네요**　早いですね

- **시키면**　注文すると
- **치킨**　チキン
- **한강**　漢江（川の名前）
- **손님**　お客様
- **여기요**　ここです
- **달라요**　違いますね

22-1　르不規則用言

● 語幹末が「르」で終わる用言は、語幹の後ろに「아/어」語尾が続くと不規則な活用をします。

● 르不規則用言＋「아/어」語尾が続くと、「르」の「ㅡ」母音が脱落し、「르」前の母音が「ㅏ/ㅗ」の場合には「아요」、「ㅏ/ㅗ以外」の場合には「어요」をつけます。さらに「르」の前の文字にパッチム「ㄹ」が挿入されます。

모르다　知らない　⇒　**모르+아요**　⇒　**몰라요**

부르다　歌う／呼ぶ　⇒　**부르+어요**　⇒　**불러요**

基本形		-아요/어요	-(으)세요
다르다	違う／異なる	**달라요**	**다르세요**
빠르다	早い／速い	**빨라요**	**빠르세요**
흐르다	流れる	**흘러요**	**흐르세요**
기르다	飼う	길러요	기르세요

22-2　-(으)면 : 〜なら／ば／と

● 仮定・条件を表す場合に使います。「〜なら／ば／と」にあたる表現です。用言の語幹末に①パッチムがない場合 ＋「면」②パッチムがある場合 ＋「으면」③ㄹ用言には「ㄹ」を取ってから ＋「면」を付けます。

〜なら／ば／と	① パッチムなしの語幹末 ＋ **면**
	② パッチムありの語幹末 ＋ **으면**
	③ ㄹ用言の語幹末のㄹを取って ＋ **면**

약속이 없으면 놀러 오세요.　約束がなければ遊びに来てください。

수업이 끝나면 전화 주세요.　授業が終わったら電話ください。

練習問題

22-1 르不規則用言に気をつけて、表を埋めてみましょう。

基本形	-아요/어요	-(으)세요
모르다 知らない		
다르다 違う/異なる		
빠르다 早い/速い		
고르다 選ぶ		
부르다 歌う/呼ぶ		
흐리다 流れる		
기르다 飼う		

22-2 下線部を「-(으)면 ～なら/ば/と」の表現にしてみましょう。

1. 배가 <u>고프다</u> _____

2. 일이 <u>끝나다</u> _____

3. 이름을 <u>알고 싶다</u> _____

4. 휴대폰으로 <u>시키다</u> _____

5. 바람이 <u>불다</u> _____

まとめ練習問題

 例のように文章を作ってみましょう。

例) 음식을 많이 먹다 食べ物をたくさん食べる / 배가 아프다 お腹が痛い

→ 음식을 많이 먹으면 배가 아파요. 食べ物をたくさん食べるとお腹が痛いです。

1. 날씨가 좋다 / 산책을 하고 싶다

   _____

2. 커피를 마시다 / 잠이 안 오다

   _____

3. 역까지 멀다 / 택시를 타겠다

   _____

4. 졸업하다 / 유학을 가고 싶다

   _____

5. 바람이 불다 / 많이 춥다

   _____

 例のように下線部を「해요体」で書いてみましょう。

例) 친구를 부르다 → 친구를 불러요. 友だちを呼びます。

1. 전화 번호를 모르다   _____

2. 뉴스는 말이 너무 빠르다   _____

3. 비가 와서 강물이 빨리 흐르다 _____

4. 언니하고 성격이 다르다   _____

5. 노래방에서 한국 노래를 부르다 _____

第3部　付　録

《助詞のまとめ》

助詞	パッチムなし	パッチムあり	会話体
～が	가	이	←
～は	는	은	←
～を	를	을	←
～と	와	과	하고/랑(이랑)
～も	도		←
～の	의		一般的に「에」と発音
～に（時間／位置）	에		←
～で（場所）	에서		←
～に（人・動物）	에게		한테
～へ（方向） ～で（手段／方法）	로 ★ㄹパッチムで終わる名詞	으로	←
～から（場所）	에서		←
～から（時間）	부터		←
～から（人）	에게서		한테서
～まで	까지		←
～より	보다		←
～だけ	만		←
～のように	처럼		←
～（が）敬語	께서		←
ごとに	마다		←

144

《挨拶表現》

(1) 出会い 🎧80

A: 안녕하십니까? _{アンニョン ハ シム ニ カ} こんにちは。（朝、昼、晩の挨拶は区別しません。）

B: 안녕하세요? _{アンニョン ハ セ ヨ} こんにちは。（안녕하십니까のうちとけた表現）

A: 오래간만이에요. _{オ レ ガン マ ニ エ ヨ} お久しぶりです。

B: 별일 없으셨어요? _{ピョ リル オッス ショ ソ ヨ} お変わりありませんでしたか。

(2) 別れ 🎧81

A: 먼저 실례하겠습니다. _{モン ゾ シル レ ハ ゲッスム ニ ダ} お先に失礼いたします。

B: 안녕히 가세요. _{アンニョンヒ ガ セ ヨ} さようなら。（その場を去る人に）

A: 안녕히 계세요. _{アンニョンヒ ゲ セ ヨ} さようなら。（その場に残る人に）

(3) 感謝 🎧82

A: 감사합니다. / 고맙습니다. _{カム サ ハム ニ ダ コ マッスム ニ ダ} ありがとうございます。

B: 아니에요, 별말씀을요. _{ア ニ エ ヨ ピョルマルスム ウル ヨ} いいえ、どういたしまして。

(4) 謝罪 🎧83

A: 죄송합니다. _{チェ ソン ハム ニ ダ} 申し訳ありません。

A: 미안합니다. / 미안해요. _{ミ アン ハム ニ ダ ミ アン ネ ヨ} すみません。

B: 아니에요. _{ア ニ エ ヨ} どういたしまして。

B: 괜찮아요. _{ケン チャ ナ ヨ} 大丈夫です。

(5) 食事 🎧84

A: 맛있게 드세요. _{マ シッ ケ ドゥ セ ヨ} どうぞ召し上がってください。

B: 잘 먹겠습니다. _{チャル モッ ケッスム ニ ダ} いただきます。

B: 맛있어요. _{マ シ ソ ヨ} おいしいです。

B: 잘 먹었습니다. _{チャル モ コッスム ニ ダ} ごちそうさまでした。

(6) 電話 🎧85

A: 여보세요. _{ヨ ボ セ ヨ} もしもし。

B: 여보세요. _{ヨ ボ セ ヨ} もしもし。

A: 저는 미나인데요, 수미 씨 계세요? _{チョ ヌン ミ ナ インデ ヨ ス ミ シ ゲ セ ヨ} 私はミナですが、スミさんいらっしゃいますか。

B: 네, 잠깐만요. _{ネ チャムカン マ ニョ} はい、少々お待ちください。

第3部

付

録

145

《日本語のハングル表記法》

カナ表記					ハングル表記									
					語　頭					語　中				
ア	イ	ウ	エ	オ	아	이	우	에	오	←				
カ	キ	ク	ケ	コ	가	기	구	게	고	카	키	쿠	케	코
サ	シ	ス	セ	ソ	사	시	스	세	소	←				
タ	チ	ツ	テ	ト	다	지	쓰	데	도	타	치	쓰	테	토
ナ	ニ	ヌ	ネ	ノ	나	니	누	네	노	←				
ハ	ヒ	フ	ヘ	ホ	하	히	후	헤	호	←				
マ	ミ	ム	メ	モ	마	미	무	메	모	←				
ヤ		ユ		ヨ	야		유		요	←				
ラ	リ	ル	レ	ロ	라	리	루	레	로	←				
ワ				ヲ	와				오	←				
ン				ッ						ㄴ				ㅅ
ガ	ギ	グ	ゲ	ゴ	가	기	구	게	고	←				
ザ	ジ	ズ	ゼ	ゾ	자	지	즈	제	조	←				
ダ	ヂ	ヅ	デ	ド	다	지	즈	데	도	←				
バ	ビ	ブ	ベ	ボ	바	비	부	베	보	←				
パ	ピ	プ	ペ	ポ	파	피	푸	페	포	←				
キャ		キュ		キョ	갸		규		교	캬		큐		쿄
ギャ		ギュ		ギョ	갸		규		교	←				
シャ		シュ		ショ	샤		슈		쇼	←				
ジャ		ジュ		ジョ	자		주		조	←				
チャ		チュ		チョ	자		주		조	차		추		초
ヒャ		ヒュ		ヒョ	햐		휴		효	←				
ビャ		ビュ		ビョ	뱌		뷰		뵤	←				
ピャ		ピュ		ピョ	퍄		퓨		표	←				
ミャ		ミュ		ミョ	먀		뮤		묘	←				
リャ		リュ		リョ	랴		류		료	←				

《反 切 表》

母音 / 子音	ㅏ [a]	ㅑ [ja]	ㅓ [ɔ]	ㅕ [jɔ]	ㅗ [o]	ㅛ [jo]	ㅜ [u]	ㅠ [ju]	ㅡ [ɯ]	ㅣ [i]
ㄱ [k/g]	가	갸	거	겨	고	교	구	규	그	기
ㄴ [n]	나	냐	너	녀	노	뇨	누	뉴	느	니
ㄷ [t/d]	다	댜	더	뎌	도	됴	두	듀	드	디
ㄹ [r, l]	라	랴	러	려	로	료	루	류	르	리
ㅁ [m]	마	먀	머	며	모	묘	무	뮤	므	미
ㅂ [p/b]	바	뱌	버	벼	보	뵤	부	뷰	브	비
ㅅ [s/ʃ]	사	샤	서	셔	소	쇼	수	슈	스	시
ㅇ [ø, ŋ]	아	야	어	여	오	요	우	유	으	이
ㅈ [tʃ/dʑ]	자	쟈	저	져	조	죠	주	쥬	즈	지
ㅊ [tʃʰ]	차	챠	처	쳐	초	쵸	추	츄	츠	치
ㅋ [kʰ]	카	캬	커	켜	코	쿄	쿠	큐	크	키
ㅌ [tʰ]	타	탸	터	텨	토	툐	투	튜	트	티
ㅍ [pʰ]	파	퍄	퍼	펴	포	표	푸	퓨	프	피
ㅎ [h]	하	햐	허	혀	호	효	후	휴	흐	히
ㄲ [ʔk]	까	꺄	꺼	껴	꼬	꾜	꾸	뀨	끄	끼
ㄸ [ʔt]	따	땨	떠	뗘	또	뚀	뚜	뜌	뜨	띠
ㅃ [ʔp]	빠	뺘	뻐	뼈	뽀	뾰	뿌	쀼	쁘	삐
ㅆ [ʔs]	싸	쌰	써	쎠	쏘	쑈	쑤	쓔	쓰	씨
ㅉ [ʔtʃ]	짜	쨔	쩌	쪄	쪼	쪼	쭈	쮸	쯔	찌

《韓日語彙リスト》

ㄱ

-가/이	〜が
-가/이 아니에요	〜ではありません
가게	店
가고시마	鹿児島
가깝다	近い
가다	行く
가르치다	教える
가볍다	軽い
가을	秋
가족	家族
가짜	ニセモノ
갈비탕	カルビタン
감사합니다	ありがとうございます
값	値段
강	川
강물	川の水
강아지	子犬
같다	同じだ
같이	一緒に
-개	〜個
거기	そこ
건너다	渡る
건네다	渡す
걸리다	かかる
-겠	意思/推測
겨울	冬
계산하다	計算する
계시다	いらっしゃる
계약	契約
-고	〜(し)て/くて/で (並列)
-고 싶다	〜(し)たい
고구마	サツマイモ
고기	肉
고등학교	高校
고등학생	高校生
고르다	選ぶ
고마워요	ありがとう
고맙다	ありがたい
고양이	猫
고추	唐辛子
고프다	空腹だ
고향	故郷
곧	すぐ/すぐに
곰	熊
곱다	綺麗だ
공부	勉強
공부하다	勉強する
공원	公園
공항	空港
공항버스	空港バス
과일	果物
괜찮다	大丈夫だ
교과서	教科書
교사	教師
교실	教室
구	9
구두	靴
구월	9月
귀	耳
귀엽다	可愛い
그	その
그것	それ
그래요	そうしましょう
그럼	では
그렇다	そうだ
그리고	そして
그림	絵
근처	近く
금방	すぐ
금요일	金曜日
기	気
기다리다	待つ
기르다	飼う
기모노	着物
기쁘다	嬉しい
길	道
길다	長い
김치	キムチ
-까지	〜まで
꼬마	ちびっこ
꽃	花
꿈	夢
끄다	消す
끝	終わり
끝나다	終わる
끝내다	終える
끼	芸

ㄴ

나	私/僕
나고야	名古屋
나다	出る
나라	国
나무	木
나쁘다	悪い
나이	年齢
난	私は/僕は
날	日
날	私を/僕を
날씨	天気
남동생	弟
남산	南山（地名）
남자	男
남자 친구	彼氏
낮	昼
낮다	低い
내	僕の
내리다	降る/降りる
내일	明日
냉면	冷麺
너무	とても/非常に
넋	魂
넣다	入れる

네 시	4時	대학교	大学		
네(예)	はい	대학생	大学生	ㅁ	
넷(네)	4つ	대회	大会	마라톤	マラソン
-년	～年	더	もっと	-마리	～匹
노래	歌	덥다	暑い	마시다	飲む
노래방	カラオケ	데바사키	手羽先	마음	心
노트	ノート	-도	～も	마흔	40
노트북	ノートパソコン	도서관	図書館	막히다	混む
놀다	遊ぶ	도착하다	到着する	만	万
놀이공원	遊園地	도쿄	東京	만나다	会う
놓다	置く	돈	お金	만나서 반갑습니다	
누가	誰が	돕다	手伝う		お会いできて嬉しいです
누구	誰	동생	弟／妹	만들다	作る
누군	誰は	돼지	豚	많다	多い
누굴	誰を	되다	なる	많이	たくさん／かなり
누나	姉（弟からの	두 시	2時	말	言葉／話／馬
	呼び名）	둘(두)	2つ	말씀하시다	おっしゃる
눈	目／雪	뒤	後ろ	말하다	言う／話す
눈물	涙	드라마	ドラマ	맛없다	まずい
뉴스	ニュース	드라이브	ドライブ	맛있다	美味しい
-는/은	～は	드시다	召し上がる	맞다	合う
-는요/은요?	～は？	듣다	聞く	맵다	辛い
늦다	遅い／遅れる	들다	持つ	머리	頭
		등산	登山	머리띠	カチューシャ
		따다	摘む	먹다	食べる
ㄷ		따뜻하다	暖かい	멀다	遠い
다	すべて／全部	따라하다	真似する	멋있다	素敵だ／格好いい
다니다	通う	따로	別々に	메일	メール
다르다	違う／異なる	딸	娘	며칠	何日
다리	橋／脚	땅	土地	-명	～名
다섯	五つ	때	時	명동	明洞（地名）
다섯 시	5時	떡	もち	몇	何
다시	もう／また／再び	떡볶이	トッポキ	몇 시	何時
다음	次	또	また	몇 월	何月
다음 주	来週	뜨다	（目を）開ける	모레	明後日
단	段			모르다	知らない／
단어	単語				分からない
닫다	閉める	ㄹ		모으다	集める
달	月	라인	LINE	모자	帽子
닭갈비	タッカルビ	-를/을	～を	목	喉
담	塀	리포트	レポート	목요일	木曜日
당	党			못하다	出来ない

第3部

付

録

무겁다	重い	백화점	デパート	사다	買う
무릎	膝	버리다	捨てる	사람	人
무슨	どんな〜／何の〜	버스	バス	사랑	愛
무엇	何	번	番	사랑하다	愛する
문	ドア	번호	番号	사월	4月
물	水	벗다	脱ぐ	사이	間
뭐	何	병원	病院	사이즈	サイズ
뭘	何を	보내다	送る	사전	辞書
미국	アメリカ	보다	見る／	사진	写真
미국 사람	アメリカ人		（試験を）受ける	산	山
미안하다	すまない	-보다	〜より（比較）	산책	散策／散歩
미역국	わかめスープ	보이다	見える／見せる	-살	〜才
미팅	ミーティング	볼펜	ボールペン	살다	住む
밑	下	봄	春	삶다	ゆでる
		부르다	歌う／呼ぶ	삼	3
	ㅂ	부모님	両親	삼월	3月
바꾸다	換える	부부	夫婦	삿포로	札幌
바나나	バナナ	부산	プサン（地名）	상	賞
바다	海	부엌	台所	샐러드	サラダ
바람	風	부치다	（手紙や荷物を）出す	생각보다	思ったより
바쁘다	忙しい	-부터	〜から（時間）	생일	誕生日
바지	ズボン	-분	〜分	서다	立つ
밖	外	불	火／電気	서른	30
반	半	불고기	プルコギ	서울	ソウル（地名）
받다	もらう	불다	吹く	서점	書店
발	足	비	雨	선물	プレゼント
발렌타인데이	バレンタインデー	비빔밥	ビビンバ	선배	先輩
발표	発表	비싸다	（値段が）高い	선생님	先生
밝게	明るく	비행기	飛行機	설탕	砂糖
밝다	明るい	비행기표	飛行機のチケット	성격	性格
밟다	踏む	빌려주다	貸す	세 시	3時
밤	夜／栗	빌리다	借りる	세다	数える
밥	ご飯	빛	光	세미나	セミナー
방	部屋	빠르다	速い／早い	세우다	停める
방학	休み	빨래하다	洗濯する	세일	セール
밭	畑	빨리	早く／速く	셋(세)	3つ
배	お腹／梨／船	빵	パン	소고기	牛肉
배달	配達			소설	小説
배달원	配達員		ㅅ	손님	お客さん
배우다	学ぶ	사	4	쇼핑	買い物
백	百	사과	リンゴ		

쇼핑몰	ショッピングモール
쇼핑하다	買い物する
수업	授業
수요일	水曜日
숙제	宿題
숟가락	スプーン
술	酒
쉬다	休む
쉰	50
쉽다	易しい
스물(스무)	20
스시	すし
스쿠버 다이빙	スキューバダイビング
스포츠	スポーツ
슬프다	悲しい
-시	〜時
시간	時間
시계	時計
시월	10月
시작	始め
시작하다	始める
시장	市場
시키다	注文する
시험	試験
식당	食堂
식사하다	食事する
신다	履く
신문	新聞
신발	くつ
신칸센	新幹線
실례	失礼
싫어하다	嫌いだ
십	10
십이월	12月
십일월	11月
싸다	安い
쓰다	書く／使う／苦い
쓰레기	ゴミ
-씨	〜さん
씹다	噛む

◯

-아/어 주세요	〜(し)てください
아까	さっき
아니요(아뇨)	いいえ
아들	息子
아래	下
아르바이트	アルバイト
아르바이트하다	アルバイトする
아름답다	美しい
아버지	父
아빠	パパ
-아서/어서	〜(し)て
아오모리	青森
아이	子ども
아이치	愛知
아저씨	おじさん
아주	とても／非常に
아침	朝／朝食
아프다	痛い
아홉	9つ
아홉 시	9時
아흔	90
안	中
안	〜(く)ない
안경	眼鏡
안녕?	元気?
안녕하세요?	おはようございます／こんにちは／こんばんは
앉다	座る
알겠습니다	分かりました
알다	知る／分かる
알바	アルバイト
알아요	知っています
-았/었어요	〜ました（〜でした）
앞	前

야구	野球
약	薬
약속	約束
양	量
양말	靴下
얘기	話
어느	どの
어느 것	どれ
어디	どこ
어디서	どこで
어딜	どこを
어때요?	どうですか
어떻게	どんやって
어렵다	難しい
어머니	母
어울리다	似合う
어제	昨日
억	億
언니	姉（妹からの呼び名）
언제	いつ
얼마	いくら
없다	ない／いない
없어요	ありません／いません
-에	〜に（時間・位置）
-에	〜で（値段を示す）
-에게	〜に（人・動物）
-에서	〜で（場所）
-에서	〜から（場所）
에어컨	エアコン
여권	パスポート
여기	ここ
여기요	ここです
여덟	8つ
여덟 시	8時
여동생	妹
여든	80
여름	夏
여보세요?	もしもし
여섯	6つ
여섯 시	6時
여우	キツネ

여의도	ヨイド（汝矣島：地名）	왜	なぜ	-(으)시다	～(ら)れる／お～になる
여자	女子	외국	外国	은행	銀行
여자 친구	彼女	외국어	外国語	-을/를	～を
여행	旅行	요금	料金	음식	食べ物／飲食／料理
역	駅	요리	料理	음악	音楽
연극	演劇	요일	曜日	-의	～の
연락하다	連絡する	요즘	最近	의사	医者
연필	鉛筆	용돈	小遣い	이	2
열	10	우리	我々／私たち	이	歯
열	熱	우산	傘	이	この
열 시	10時	우유	牛乳	이 학년	2年生
열다	開ける	우체국	郵便局	이것	これ
열두 시	12時	우표	切手	-이다	～だ
열심히	一所懸命に	운동	運動	-(이)라고 합니다	～といいます
열아홉 살	19才	운동장	運動場	이름	名前
열한 시	11時	운전하다	運転する	이번 주	今週
영/공	0	울다	泣く	이사하다	引っ越す
영어	英語	웃다	笑う	이월	2月
영화	映画	-원	～ウォン	이유	理由
영화관	映画館	-월	～月	이태원	梨泰院（地名）
옆	横／隣	월요일	月曜日	이태원역	梨泰院駅
예(네)	はい	웨이브	ウェーブ	인사동	仁寺洞（地名）
예쁘다	綺麗だ	위	上	일	1
예순	60	유명하다	有名だ	일	用事／仕事
예약	予約	유월	6月	-일	～日
예약하다	予約する	유튜브	YouTube	일 학년	1年生
-예요/이에요(?)	～です(か)	유학	留学	일곱	7つ
예의	礼儀	유학생	留学生	일곱 시	7時
예전	以前	육	6	일본	日本
오	5	-(으)ㄹ 수 없다	～することができない	일본 사람	日本人
오늘	今日	-(으)ㄹ 수 있다	～することができる	일본어	日本語
오다	来る／降る	-(으)ㄹ까요?	～(し)ましょうか／でしょうか	일어나다	起きる
오빠	兄（妹からの呼び名）	-(으)러	～(し)に	일요일	日曜日
오사카	大阪	-(으)로	～へ（方向）	일월	1月
오월	5月	-(으)로	～で（手段・方法）	일하다	仕事する
오이	きゅうり	-(으)면	～なら／ば／と	일흔	70
오전	午前	-(으)세요	～(し)てください	읽다	読む
오키나와	沖縄			잃다	なくす
오후	午後			입	口
옷	服				
-와/과	～と				

-입니다/입니까?	~です／ですか
입다	着る
입학	入学
있다	ある／いる
있어요	あります／います
잎	葉

ㅈ

자기소개	自己紹介
자다	寝る
자동차	自動車
자동차 학원	自動車学校
자료	資料
자리	席
자전거	自転車
작년	昨年
작다	小さい
-잔	~杯
잘	よく
잘 가	バイバイ
잘 부탁드립니다	よろしくお願いします。
잘 자	お休み
잘하다	上手だ
잠	眠り
잠깐만	ちょっとだけ
잠이 오다	眠たい
잡다	つかむ
잡지	雑誌
잡채	チャプチェ
-장	~枚
재미있다	面白い
저	私
저	あの
저것	あれ
저기	あそこ
저녁	夕食／夕方
적다	少ない
전	前
전	私は

전화	電話
전화 번호	電話番号
전화하다	電話する
절	私を
젊다	若い
점심	昼食
젓가락	箸
정말	本当／本当に
제	私の
제일	一番
제주도	済州道（地名）
제출	提出
조금	少し
조용하다	静かだ
조카	甥／姪
졸업	卒業
졸업하다	卒業する
좀	少し
좋다	良い
좋아하다	好きだ
죄송하다	申し訳ない
주다	あげる／くれる
주말	週末
주무시다	お休みになる
주부	主婦
주세요	ください
주소	住所
주스	ジュース
주의	注意
준비	準備
중국 사람	中国人
중국집	中華料理屋
-지 않다	~(く)ない
지갑	財布
지금	今
지내다	過ごす
지바	千葉
-지요/죠?	~でしょう？
지우개	消しゴム
지하철	地下鉄
지하철역	地下鉄の駅

직원	職員
진짜	本当／本当に／本物
짐	荷物
집	家
짚	わら（藁）
짜다	塩辛い
짧다	短い
찍다	撮る

ㅊ

차	お茶／車
차다	冷たい
착히디	優しい
창문	窓
찾다	探す／引き出す
책	本
책상	机
처음	初めて
천	千
천천히	ゆっくり
청소하다	掃除する
초대하다	招待する
축하	祝賀
출발하다	出発する
춥다	寒い
취미	趣味
치다	弾く／うつ
치마	スカート
치킨	チキン
친구	友だち
칠	7
칠월	7月

ㅋ

카페	カフェ
커피	コーヒー
커피숍	コーヒーショップ
컵	コップ
케이크	ケーキ
케이팝	K-POP
켜다	点ける

코	鼻
코끼리	象
코트	コート
콘서트	コンサート
콘서트장	コンサート会場
크다	大きい／(背が) 高い
크리스마스	クリスマス
키	背

ㅌ	
타다	乗る
택시	タクシー
텔레비전	テレビ
토끼	ウサギ
토마토	トマト
토요일	土曜日
통학버스	通学バス
특히	特に
티켓	チケット

ㅍ	
파티	パーティー
팔	8
팔다	売る
팔월	8月
팥	小豆
팬	ファン
페이지	ページ
펴다	開く／広げる
편리하다	便利だ
편의점	コンビニ
편지	手紙
포도	ぶどう
표	チケット
피곤하다	疲れる
피아노	ピアノ
피자	ピザ
필통	筆箱

ㅎ	
-하고	～と

하나(한)	1つ
하다	する
하지만	だけど／でも／しかし
학교	学校
-학년	～年生
학생	学生
학원	塾／教室／予備校
한 시	1時
한강	漢江（川の名前）
한국	韓国
한국 사람	韓国人
한국말	韓国語
한국이	韓国語
한글	ハングル
한라산	漢拏山（山の名前）
한번	一度
-한테	～に（人・動物）
할머니	祖母
할아버지	祖父
핥다	なめる
핸드폰	携帯電話
행복하다	幸せだ
허리	腰
형	兄（弟からの呼び名）
혼자	一人で
홍차	紅茶
화요일	火曜日
화이트데이	ホワイトデー
화장실	トイレ
회사	会社
회사원	会社員
후배	後輩
휴대폰	携帯電話
흐르다	流れる
희다	白い
희망	希望
힘들다	大変だ

《日韓語彙リスト》

あ	
愛	사랑
愛する	사랑하다
間	사이
愛知	아이치
会う	만나다
合う	맞다
青森	아오모리
明るい	밝다
明るく	밝게
秋	가을
(目を) 開ける	뜨다
開ける	열다
あげる／くれる	주다
朝／朝食	아침
明後日	모레
脚／橋	다리
足	발
明日	내일
小豆	팥
あそこ	저기
遊ぶ	놀다
暖かい	따뜻하다
頭	머리
暑い	덥다
集める	모으다
兄（妹からの呼び名）	오빠
兄（弟からの呼び名）	형
姉（弟からの呼び名）	누나
姉（妹からの呼び名）	언니
あの	저
雨	비
アメリカ	미국
アメリカ人	미국 사람
ありがたい	고맙다
ありがとう	고마워요
ありがとうございます	감사합니다
あります／います	있어요
ありません／いません	없어요
ある／いる	있다
アルバイト	아르바이트
アルバイト	알바
アルバイトする	아르바이트하다
あれ	저것

い	
いいえ	아니요(아뇨)
言う／話す	말하다
家	집
行く	가다
いくら	얼마
医者	의사
以前	예전
忙しい	바쁘다
痛い	아프다
1	일
1月	일월
1時	한 시
一度	한번
1年生	일 학년
市場	시장
一番	제일
いつ	언제
一所懸命に	열심히
一緒に	같이
5つ	다섯
梨泰院（地名）	이태원
梨泰院駅	이태원역
いない／ない	없다
今	지금
います／あります	있어요
いません／ありません	없어요
妹／弟	동생
妹	여동생
いらっしゃる	계시다
いる／ある	있다

入れる	넣다
仁寺洞（地名）	인사동
飲食／食べ物／料理	음식

う	
上	위
ウェーブ	웨이브
〜ウォン	-원
(試験を) 受ける／見る	보다
ウサギ	토끼
後ろ	뒤
歌	노래
歌う／呼ぶ	부르다
うつ／弾く	치다
美しい	아름답다
馬／話／言葉	말
海	바다
売る	팔다
嬉しい	기쁘다
運転する	운전하다
運動	운동
運動場	운동장

え	
絵	그림
エアコン	에어컨
映画	영화
映画館	영화관
英語	영어
駅	역
選ぶ	고르다
演劇	연극
鉛筆	연필

お	
お会いできて嬉しいです	만나서 반갑습니다
甥／姪	조카
美味しい	맛있다

第3部

付録

終える	끝내다	会社員	회사원	**き**	
多い	많다	買い物	쇼핑	気	기
大きい／（背が）高い	크다	買い物する	쇼핑하다	木	나무
大阪	오사카	飼う	기르다	聞く	듣다
お〜になる／（ら）れる		買う	사다	切手	우표
	-(으)시다	換える	바꾸다	キツネ	여우
お金	돈	かかる	걸리다	昨日	어제
沖縄	오키나와	書く／使う／苦い	쓰다	希望	희망
お客さん	손님	学生	학생	キムチ	김치
起きる	일어나다	鹿児島	가고시마	着物	기모노
置く	놓다	傘	우산	9	구
億	억	貸す	빌려주다	90	아흔
送る	보내다	風	바람	牛肉	소고기
教える	가르치다	数える	세다	牛乳	우유
おじさん	아저씨	家族	가족	きゅうり	오이
遅い／遅れる	늦다	カチューシャ	머리띠	今日	오늘
お茶／車	차	〜月	-월	教科書	교과서
おっしゃる	말씀하시다	学校	학교	教師	교사
弟	남동생	格好いい／素敵だ	멋있다	教室	교실
弟／妹	동생	悲しい	슬프다	教室／塾／予備校	학원
男	남자	かなり／たくさん	많이	嫌いだ	싫어하다
お腹／梨／船	배	彼女	여자 친구	着る	입다
同じだ	같다	カフェ	카페	綺麗だ	곱다
おはようございます／		噛む	씹다	綺麗だ	예쁘다
こんにちは／こんばんは		通う	다니다	銀行	은행
	안녕하세요?	火曜日	화요일	金曜日	금요일
重い	무겁다	〜から（時間）	-부터		
面白い	재미있다	〜から（場所）	-에서		
思ったより	생각보다	辛い	맵다	**く**	
お休み	잘 자	カラオケ	노래방	空港	공항
お休みになる	주무시다	借りる	빌리다	空港バス	공항버스
降りる／降る	내리다	軽い	가볍다	空腹だ	고프다
終わり	끝	カルビタン	갈비탕	9月	구월
終わる	끝나다	彼氏	남자 친구	9時	아홉 시
音楽	음악	川	강	薬	약
		可愛い	귀엽다	ください	주세요
か		川の水	강물	果物	과일
〜が	-가/이	韓国	한국	口	입
外国	외국	韓国語	한국말	靴	구두
外国語	외국어	韓国語	한국어	くつ	신발
会社	회사	韓国人	한국 사람	靴下	양말
				〜（く）ない	안

～（く）ない	-지 않다	5時	다섯 시	し	
国	나라	50	쉰	～時	-시
熊	곰	午前	오전	幸せだ	행복하다
栗／夜	밤	小遣い	용돈	塩辛い	짜다
クリスマス	크리스마스	コップ	컵	しかし／だけど／でも	하지만
来る／降る	오다	異なる／違う	다르다	4月	사월
車／お茶	차	言葉／話／馬	말	時間	시간
くれる／あげる	주다	子ども	아이	試験	시험
		この	이	自己紹介	자기소개
け		ご飯	밥	仕事／用事	일
芸	끼	ゴミ	쓰레기	仕事する	일하다
計算する	계산하다	混む	막히다	辞書	사전
携帯電話	핸드폰	これ	이것	静かだ	소용하다
携帯電話	휴대폰	コンサート	콘서트	下	밑
K-POP	케이팝	コンサート会場	콘서트장	下	아래
契約	계약	今週	이번 주	～（し）たい	-고 싶다
ケーキ	케이크	コンビニ	편의점	7月	칠월
消しゴム	지우개	こんにちは／こんばんは		7時	일곱 시
消す	끄다		안녕하세요?	知っています	알아요
月曜日	월요일			失礼	실례
元気？	안녕？	**さ**		～（し）て／くて／で（並列）	
		～才	-살		-고
こ		最近	요즘	～（し）て	-아서/어서
～個	-개	サイズ	사이즈	～（し）てください	
5	오	財布	지갑		-아/어 주세요
子犬	강아지	探す／引き出す	찾다	～（し）てください	-（으）세요
公園	공원	昨年	작년	自転車	자전거
高校	고등학교	酒	술	自動車	자동차
高校生	고등학생	さっき	아까	自動車学校	자동차 학원
紅茶	홍차	雑誌	잡지	～（し）に	-（으）러
後輩	후배	札幌	삿포로	～（し）ましょうか／でしょうか	
コート	코트	サツマイモ	고구마		-（으）ㄹ까요?
コーヒー	커피	砂糖	설탕	閉める	닫다
コーヒーショップ	커피숍	寒い	춥다	写真	사진
5月	오월	サラダ	샐러드	10	십
ここ	여기	3	삼	10	열
午後	오후	～さん	-씨	11月	십일월
ここです	여기요	3月	삼월	11時	열한 시
9つ	아홉	散策／散歩	산책	10月	시월
心	마음	3時	세 시	19才	열아홉 살
腰	허리	30	서른	10時	열 시

第3部

付録

住所	주소	過ごす	지내다	その	그
ジュース	주스	すし	스시	祖父	할아버지
12月	십이월	素敵だ／格好いい	멋있다	祖母	할머니
12時	열두 시	捨てる	버리다	それ	그것
週末	주말	スプーン	숟가락		
授業	수업	すべて／全部	다		

た

塾／教室／予備校	학원	スポーツ	스포츠	～だ	-이다
祝賀	축하	ズボン	바지	大会	대회
宿題	숙제	すまない	미안하다	大学	대학교
出発する	출발하다	住む	살다	大学生	대학생
主婦	주부	する	하다	大丈夫だ	괜찮다
趣味	취미	～することができない		台所	부엌
準備	준비		-(으)ㄹ 수 없다	大変だ	힘들다
賞	상	～することができる		（値段が）高い	비싸다
上手だ	잘하다		-(으)ㄹ 수 있다	（背が）高い／大きい	크다
小説	소설	座る	앉다	たくさん／かなり	많이
招待する	초대하다			タクシー	택시
職員	직원			だけど／でも／しかし	하지만
食事する	식사하다			（手紙や荷物を）出す	부치다

せ

食堂	식당	背	키
女子	여자	性格	성격
ショッピングモール	쇼핑몰	セール	세일
書店	서점	席	자리
知らない／分からない	모르다	セミナー	세미나
資料	자료	0	영/공
知る／分かる	알다	千	천
白い	희다	先生	선생님
新幹線	신칸센	洗濯する	빨래하다
新聞	신문	先輩	선배
		全部／すべて	다

立つ	서다
タッカルビ	닭갈비
食べ物／料理／飲食	음식
食べる	먹다
魂	넋
誰	누구
誰が	누가
誰は	누군
誰を	누굴
段	단
単語	단어
誕生日	생일

す

水曜日	수요일	象	코끼리		

そ

スカート	치마	掃除する	청소하다
好きだ	좋아하다	そうしましょう	그래요
スキューバダイビング		そうだ	그렇다
	스쿠버 다이빙	ソウル（地名）	서울
すぐ／すぐに	곧	そこ	거기
すぐ	금방	そして	그리고
少ない	적다	卒業	졸업
少し	조금	卒業する	졸업하다
少し	좀	外	밖

ち

小さい	작다
済州道（地名）	제주도
近い	가깝다
違う／異なる	다르다
近く	근처
地下鉄	지하철
地下鉄の駅	지하철역
チキン	치킨

チケット	티켓	では	그럼	隣／横	옆
チケット	표	デパート	백화점	どの	어느
父	아버지	～ではありません		トマト	토마토
千葉	지바		-가/이 아니에요	停める	세우다
ちびっこ	꼬마	手羽先	데바사키	友だち	친구
チャプチェ	잡채	でも／しかし／だけど	하지만	土曜日	토요일
注意	주의	出る	나다	ドライブ	드라이브
中華料理屋	중국집	テレビ	텔레비전	ドラマ	드라마
中国人	중국 사람	天気	날씨	撮る	찍다
昼食	점심	電気／火	불	どれ	어느 것
注文する	시키다	電話	전화	どんな～／何の～	무슨
朝食／朝	아침	電話する	전화하다		
ちょっとだけ	잠깐만	電話番号	전화 번호		

つ / と / な

				な	
通学バス	통학버스	～と／ば／なら	-(으)면	ない／いない	없다
使う／書く／苦い	쓰다	～と	-와/과	中	안
つかむ	잡다	～と	-하고	長い	길다
疲れる	피곤하다	ドア	문	流れる	흐르다
月	달	～といいます		泣く	울다
次	다음		-(이)라고 합니다	なくす	잃다
机	책상	トイレ	화장실	名古屋	나고야
作る	만들다	党	당	梨／お腹／船	배
点ける	켜다	唐辛子	고추	なぜ	왜
摘む	따다	東京	도쿄	夏	여름
冷たい	차다	到着する	도착하다	7	칠
		どうですか	어때요？	70	일흔
		どうやって	어떻게	7つ	일곱
て		遠い	멀다	何	몇
～で（値段を示す）	-에	時	때	何	무엇
～で（場所）	-에서	特に	특히	何	뭐
～で（手段・方法）	-(으)로	時計	시계	何を	뭘
提出	제출	どこ	어디	名前	이름
手紙	편지	どこで	어디서	涙	눈물
出来ない	못하다	どこを	어딜	南山（地名）	남산
～でした（～ました）		登山	등산	なめる	핥다
	-았/었어요	図書館	도서관	～なら／ば／と	-(으)면
～でしょう？	-지요?/죠?	土地	땅	なる	되다
～です（か）	-예요/이에요(?)	トッポキ	떡볶이	何月	몇 월
～です／ですか		とても／非常に	너무	何時	몇 시
	-입니다/입니까?	とても／非常に	아주	何日	며칠
手伝う	돕다			何の～／どんな～	무슨

第 3 部

付

録

	に	
～に（時間・位置）	-에	
～に（人・動物）	-에게	
2	이	
～に（人・動物）	-한테	
似合う	어울리다	
苦い／書く／使う	쓰다	
2月	이월	
肉	고기	
2時	두 시	
20	스물(스무)	
ニセモノ	가짜	
～日	-일	
日曜日	일요일	
2年生	이 학년	
日本	일본	
日本語	일본어	
日本人	일본 사람	
荷物	짐	
入学	입학	
ニュース	뉴스	

	ぬ	
脱ぐ	벗다	

	ね	
猫	고양이	
値段	값	
熱	열	
眠たい	잠이 오다	
眠り	잠	
寝る	자다	
～年	-년	
～年生	-학년	
年齢	나이	

	の	
～の	-의	
ノート	노트	
ノートパソコン	노트북	
喉	목	

飲む	마시다
乗る	타다

	は	
～は	-는/은	
歯	이	
葉	잎	
～ば／なら／と	-(으)면	
～は？	-는요/은요?	
パーティー	파티	
はい	네(예)	
はい	예(네)	
～杯	-잔	
配達	배달	
配達員	배달원	
バイバイ	잘 가	
履く	신다	
橋／脚	다리	
箸	젓가락	
始め	시작	
初めて	처음	
始める	시작하다	
バス	버스	
パスポート	여권	
畑	밭	
8	팔	
8月	팔월	
8時	여덟 시	
80	여든	
発表	발표	
花	꽃	
鼻	코	
話／言葉／馬	말	
話	얘기	
話す／言う	말하다	
バナナ	바나나	
母	어머니	
パパ	아빠	
速い／早い	빠르다	
早く／速く	빨리	
春	봄	

バレンタインデー	
	발렌타인데이
半	반
番	번
パン	빵
漢江（川の名前）	한강
ハングル	한글
番号	번호
漢挙山（山の名前）	한라산

	ひ	
日	날	
火／電気	불	
ピアノ	피아노	
光	빛	
～匹	-마리	
引き出す／探す	찾다	
弾く／うつ	치다	
低い	낮다	
飛行機	비행기	
飛行機のチケット	비행기표	
膝	무릎	
ピザ	피자	
非常に／とても	너무	
非常に／とても	아주	
引っ越す	이사하다	
人	사람	
1つ	하나(한)	
一人で	혼자	
ビビンバ	비빔밥	
百	백	
病院	병원	
開く／広げる	펴다	
昼	낮	
広げる／開く	펴다	

	ふ	
ファン	팬	
夫婦	부부	
吹く	불다	
服	옷	

プサン（地名）	부산	～ました（～でした）				
豚	돼지		-았/었어요		も	
再び／また／もう	다시	まずい	맛없다	～も	-도
2つ	둘(두)	また／もう／再び	다시	もう／また／再び	다시
筆箱	필통	また	또	申し訳ない	죄송하다
ぶどう	포도	待つ	기다리다	木曜日	목요일
船／梨／お腹	배	～まで	-까지	もしもし	여보세요?
踏む	밟다	窓	창문	もち	떡
冬	겨울	学ぶ	배우다	持つ	들다
降る／来る	오다	真似する	따라하다	もっと	더
降る／降りる	내리다	マラソン	마라톤	もらう	받다
プルコギ	불고기	万	만		
故郷	고향					
プレゼント	선물		み		や	
～分	-분	ミーティング	미팅	野球	야구
		見える／見せる	보이다	約束	약속
	ヘ	短い	짧다	易しい	쉽다
～ヘ（方向）	-(으)로	水	물	優しい	착하다
塀	담	店	가게	安い	싸다
ページ	페이지	見せる／見える	보이다	休み	방학
別々に	따로	道	길	休む	쉬다
部屋	방	3つ	셋(세)	8つ	여덟
勉強	공부	耳	귀	山	산
勉強する	공부하다	明洞（地名）	명동		
便利だ	편리하다	見る／（試験を）受ける	보다		ゆ
				遊園地	놀이공원
	ほ		む	夕方／夕食	저녁
帽子	모자	難しい	어렵다	夕食／夕方	저녁
ボールペン	볼펜	息子	아들	YouTube	유튜브
僕／私	나	娘	딸	郵便局	우체국
僕の	내	6つ	여섯	有名だ	유명하다
ホワイトデー	화이트데이			雪／目	눈
本	책		め	ゆっくり	천천히
本当／本当に	정말	目／雪	눈	ゆでる	삶다
本当／本当に／本物	진짜	～名	-명	夢	꿈
		姪／甥	조카		
	ま	メール	메일		よ
～枚	-장	眼鏡	안경	良い	좋다
前	앞	召し上がる	드시다	ヨイド（汝矣島：地名）	
前	전				여의도
				用事／仕事	일
				曜日	요일
				よく	잘

第3部

付録

横／隣	옆	6時	여섯 시
4時	네 시	60	예순
4つ	넷(네)		

予備校／塾／教室	학원	**わ**	
呼ぶ／歌う	부르다	若い	젊다
読む	읽다	わかめスープ	미역국
予約	예약	分からない／知らない	모르다
予約する	예약하다	分かりました	알겠습니다
～より（比較）	-보다	分かる／知る	알다
夜／栗	밤	私／僕	나
よろしくお願いします。		私	저
	잘 부탁드립니다	私たち／我々	우리
4	사	私の	제
40	마흔	私は／僕は	난
		私は	전
ら		私を／僕を	날
来週	다음 주	私を	절
LINE	라인	渡す	건네다
～(ら)れる／お～になる		渡る	건너다
	-(으)시다	わら（藁）	짚
		笑う	웃다
り		悪い	나쁘다
理由	이유	我々／私たち	우리
留学	유학		
留学生	유학생	**を**	
量	양	～を	-를/을
料金	요금		
両親	부모님		
料理	요리		
旅行	여행		
リンゴ	사과		
れ			
礼儀	예의		
冷麺	냉면		
レポート	리포트		
連絡する	연락하다		
ろ			
6	육		
6月	유월		

カチガヨ！ 韓国語

検印 省略	© 2024 年 1 月 30 日　初版発行

著者　　　　　　　　　　　　　　　　　文嬉眞

　　　　　　　　　　　　　　　　　　　金美淑

発行者　　　　　　　　　　　　　　　　小川　洋一郎
発行所　　　　　　　　　　　　株式会社　朝日出版社
　　　　　　　　　　101-0065　東京都千代田区西神田 3-3-5
　　　　　　　　　　　　　電話　03-3239-0271/72
　　　　　　　　　　　　振替口座　00140-2-46008
　　　　　　　　　　　　http://www.asahipress.com/
　　　　　　　　　　組版 / 萩原印刷　印刷 / 図書印刷

朝日出版社 ハングル能力検定試験問題集のご案内

改訂新版ハングル能力検定試験5級実戦問題集　李昌圭|著

- 問題を類型別に分けたので，実際の試験問題の出題順に始められる
- 類型別問題の対策と解答のポイントを詳しく解説
- 5級出題の文法と語彙などを合格ポイント資料として提示，試験直前の確認にも最適
- ハングル検定対策本のなかで最多の問題数
- 聞き取り問題の音声はもちろん，本書模擬試験・解説はウェブ上で何度でもトライ，確認できる
- 模擬テストで実戦練習ができる
- 筆記と聞き取りの問題の解説を巻末にまとめて収録している

● A5判 ● 232p. ● 特色刷　　　定価3,080円（本体2,800円+税10%）(1268)　 電子版有

改訂新版ハングル能力検定試験4級実戦問題集　李昌圭|著

- 問題を類型別に分けたので，実際の試験問題の出題順に始められる
- 4級出題の文法と語彙などを合格ポイント資料として提示，試験直前の確認にも最適
- ハングル検定対策本のなかで最多の問題数（本試験の9回分以上相当）
- 聞き取り問題の音声はもちろん，本書模擬試験・解説はウェブ上で何度でもトライ，確認できる
- 模擬テストで実戦練習ができる
- 筆記と聞き取りの問題の解説を巻末にまとめて収録している

● A5判 ● 256p. ● 特色刷　　　定価3,080円（本体2,800円+税10%）(1250)　 電子版有

改訂新版ハングル能力検定試験3級実戦問題集　李昌圭|著

- 問題を類型別に分けたので，実際の試験問題の出題順に始められる
- 3級出題の文法と語彙などを合格ポイント資料として提示，試験直前の確認にも最適
- ハングル検定対策本のなかで最多の問題数（本試験の10回分以上相当）
- 聞き取り問題の音声はもちろん，本書模擬試験・解説はウェブ上で何度でもトライ，確認できる
- 模擬テストで実戦練習ができる
- 筆記と聞き取りの問題の解説を巻末にまとめて収録している

● A5判 ● 368p. ● 特色刷　　　定価3,168円（本体2,880円+税10%）(1222)　 電子版有

 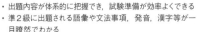

ハングル能力検定試験準2級対策問題集 -筆記編-　李昌圭|著

- 出題内容が体系的に把握でき，試験準備が効率よくできる
- 準2級に出題される語彙や文法事項，発音，漢字等が一目瞭然でわかる
- 本書収録の520題(本試験の11回分相当)の豊富な問題を通してすべての出題形式の問題が実戦的に練習できる
- 間違えた問題や不得意な問題は印をつけ，繰り返し練習ができる

● A5判 ● 360p. ● 特色刷　　　定価2,640円（本体2,400円+税10%）(743)　電子版有

ハングル能力検定試験準2級対策問題集 -聞き取り編-　李昌圭|著

- 出題の傾向，学習ポイントが全体的・体系的に理解できるように，過去問を詳細に分析して出題内容を類型別に整理・解説
- 問題の類型と傾向，頻出語句，選択肢，文法事項などが一目で分かるように，問題類型別に重要なポイントをまとめて「合格資料」として提示
- 本試験と同じ練習問題を通して実戦的に練習ができるように，豊富な練習問題を類型別にまとめて本試験と同じ出題順に提示
- すべての問題は本試験と同じ形式で添付の音声ファイルCD-ROMに収録。実戦的に繰り返し練習ができ，聴力を鍛えることができる

● A5判 ● 280p. ● 特色刷 ● 音声ファイルCD-ROM付　定価2,860円（本体2,600円+税10%）(1028)　電子版有

（株）朝日出版社

 ←最新の刊行情報はこちら

〒101-0065 東京都千代田区西神田3-3-5
TEL：03-3263-3321　FAX：03-5226-9599
E-mail：info@asahipress.com　http://www.asahipress.com/

 ←LINEスタンプ
「キムチフレンズ」
好評発売中！
※詳細はQRコードから！